Israel und Palästina

Recht auf Frieden und Recht auf Land

Für meine Frau Christiane, die sich seit langem schon für die palästinensische Sache einsetzt

S.H.

Für Mahmoud Hamchari, für Ezzedine Kalak

E.S.

Dieses Buch ist zuerst im März 2012 unter dem Titel *Le Rescapé et l'Exilé. Israël–Paléstine, une exigence de justice* bei Don Quichotte éditions, Paris, erschienen.

Gesetzt aus der Liberation Serif
Druck und Bindung: Just Colour Graphic
Printed in Spain
ISBN: 978-3-941787-83-4
www.jacobystuart.de

Stéphane Hessel
und
Elias Sanbar

Israel und Palästina
Recht auf Frieden und Recht auf Land

Mit
Farouk Mardam-Bey

Aus dem Französischen
von
Edmund Jacoby

Verlagshaus Jacoby & Stuart

Vorwort

Obwohl schon hundert Jahre alt, bleibt der israelisch-arabische Konflikt brandaktuell. Man kann sogar behaupten, dass kein anderer Konflikt weltweit ebensoviele Leidenschaften und irrationale Ausbrüche provoziert und in ähnlicher Weise die großen politischen Lager spaltet, die Rechte ebenso wie die Linke. Das trifft ganz besonders auf Frankreich zu, wo die schmerzhaften Erinnerungen an die zwei großen zeitgeschichtlichen Brüche, den Zweiten Weltkrieg und den Algerienkrieg, immer wieder auf die Konfrontation im Nahen Osten zwischen Israelis und Palästinensern projiziert werden.[1]

Und doch: Wenn man von den extremistischsten Positionen absieht, die dem jeweils Anderen das Recht darauf absprechen, als Nation in innerem Frieden und in sicheren und anerkannten Grenzen zu leben, so hat sich doch seit einigen Jahren bekanntlich ein weltweiter Konsens über einige Prinzipien herausgebildet, in denen das Völkerrecht und das historische Recht sich weitestmöglich verbinden. Diese Prinzipien sind deshalb geeignet, den Weg zu einer dauerhaften Lösung zu eröffnen, wenn sie denn ernsthaft angewandt werden.

Aber warum scheint eine solche Lösung trotz des breiten Konsenses bis heute unerreichbar zu sein? Wie ist man in die gegenwärtige Sackgasse geraten? Muss man nicht die Lehre aus dem

1 In Deutschland ist die politische Diskussion einerseits von den Schuldgefühlen einer Nation geprägt, in deren Namen die Mehrheit der europäischen Juden ermordet worden ist, andererseits aber auch von dem trotzigen Widerspruch der jüngeren Generationen dagegen, dass auch sie noch für die Shoah verantwortlich gemacht werden soll. Dazu kommt noch die Erinnerung an den zusammen mit dem Antifaschismus verordneten Antizionismus in der DDR, ein anscheinend unausrottbarer Bodensatz von Antisemitismus und eine besonders gegen Muslime sich richtende Fremdenfeindlichkeit. *(A.d.Ü.)*

Fehlschlag des 1991 begonnenen Friedensprozesses ziehen und ernsthaft überlegen, ob man nicht ganz andere Wege gehen sollte? Ist die Lösung, auf dem Boden des historischen Palästina zwei Staaten zu errichten, einen israelischen und einen palästinensischen, noch immer möglich oder soll man lieber von nun an einen binationalen Staat fordern?

Es gibt nicht wenige Historiker, Politologen und Journalisten, die auf diese Fragen kompetent und und klug reagiert haben. Das Ziel dieses Buchs aber ist ein ganz anderes, auch wenn seine Autoren, Stéphane Hessel und Elias Sanbar, diese Fragen im Verlauf ihres Gesprächs beide jeweils auf ihre Weise beantworten. Ihre Vorgehensweise ist die, ihre Sichtweisen auf diesen endlosen Konflikt einander gegenüberzustellen und ihre unterschiedlichen Erfahrungen, Empfindungen und Erinnerungen auszutauschen. Diese sind zunächst natürlich völlig verschieden, in Anbetracht der unterschiedlichen Herkunft, des unterschiedlichen Alters und der unterschiedlichen Erfahrungen beider Gesprächspartner. Dabei wird sich herausstellen, dass sich beide im Hinblick auf die politischen Ereignisse auf etwas Gemeinsames verständigen können: ihr Engagement für das Recht.

Im Verlauf der Diskussion erklären beide, sowohl der Überlebende, Stéphane Hessel, als auch der Flüchtling, Elias Sanbar, weshalb sie in der Vergangenheit und in der Gegenwart ihre jeweiligen Positionen bezogen haben. Stéphane Hessel, Mitglied der Résistance und Häftling in Buchenwald, dann Diplomat bei der UNO in ihrer Gründungsphase, erinnert an die allgemeine Stimmung am Ende des Zweiten Weltkriegs, die außerordentlich günstig für die Schaffung eines jüdischen Staats in Palästina war. Er selbst war davon überzeugt, dass die UNO entsprechend handeln sollte. Auch wenn er seitdem seine Haltung hinsichtlich der Legitimität des Staates Israel nicht verändert hat, haben ihn der Sechstagekrieg, die Besatzung und die Kolonisierung der besetzten Territorien durch Israel in den letzten Jahren dazu gebracht, sich für das Recht des palästinensischen Volks auf einen ebenfalls unabhängigen und souveränen Staat einzusetzen – so wie es die Resolutionen der Vereinten Nationen vorsehen.

Elias Sanbar wiederum war erst ein Jahr alt, als seine Eltern die Stadt Haifa verlassen mussten und in den Libanon flüchteten. Er beschreibt sein Leben im Exil und sein Engagement für die Sache der Palästinenser im Widerstand; er beschreibt den Kampf seiner Leute dafür, dass Palästina seinen Namen wiedererhält, und er unterstreicht seine Überzeugung, dass es keine Versöhnung zwischen den beiden Völkern geben kann ohne die Wiederherstellung der historischen Wahrheit und den entschiedenen Respekt vor dem Recht. Stéphane Hessel und Elias Sanbar glauben beide nicht, dass Friede möglich ist, wenn man den Konflikt als einen religiösen Konflikt oder als völlig einmalig betrachtet. Wenn ihr Buch eine Botschaft hat, so ist es diese: Palästinenser und Israelis müssen ihren Konflikt aus der Sphäre des Heiligen, der Religion, herausführen und ihre Probleme in der Sprache profaner Politik formulieren. Auf diese Weise können auf das Palästinenserproblem – mit demselben Recht kann man auch von einem Israelproblem sprechen – wieder die allgemeinen Grundsätze des Völkerrechts angewandt werden. Beide, Israelis und Palästinenser, könnten dann nicht nur einen Friedensvertrag unterschreiben, sondern, was noch weit wichtiger ist, sich miteinander versöhnen.

Farouk Mardam-Bey

Kapitel 1

Zwei entgegengesetzte Träume

Farouk Mardam-Bey: *Gleich nach dem Ende des Zweiten Weltkriegs gelangte die Palästinafrage auf die Tagesordnung der UNO, die gerade erst, im Juni 1945, also nur einen Monat nach dem Sieg der Alliierten, gegründet worden war. Der Zionismus, das heißt der jüdische Nationalismus, der die Gründung eines Staates zum Ziel hatte, war damals bereits fünfzig Jahre alt. Am Anfang war er die Bewegung einer Minderheit unter den Juden. Doch der Zionismus gewann an politischer Glaubwürdigkeit, nachdem Großbritannien, unmittelbar bevor es 1917 Palästina besetzte, den Zionisten in der berühmten Balfour-Deklaration zugesagt hatte, sie bei der Schaffung einer »jüdischen Heimstätte« im Heiligen Land zu unterstützen.*

Seitdem hatte sich der Zustrom jüdischer Einwanderer beschleunigt, und infolge der Welle des Antisemitismus in Europa während der dreißiger Jahre hatte er sich noch einmal verstärkt. Im selben Maße wuchsen auch die Spannungen zwischen dem Jischuw (der jüdischen Gemeinschaft), der die Unterstützung der Briten genoss, und den Arabern Palästinas. Doch wäre über das Schicksal Palästinas wahrscheinlich anders entschieden worden als 1948 durch die UNO, wenn einerseits die Nazis nicht den Krieg für die systematische Vernichtung der europäischen Juden genutzt hätten – und wenn andererseits Europäer wie Amerikaner nicht aus schlechtem Gewissen entschlossen gewesen wären, die Juden für ihr schreckliches Schicksal zu entschädigen, indem sie den Überlebenden, die in ihren Augen von der zionistischen Bewegung repräsentiert wurden, einen unabhängigen und souveränen Staat in Palästina anboten.

Deshalb schlage ich Ihnen vor, unser Gespräch an diesem Zeitpunkt der Geschichte zu beginnen. Auf die ferneren Ursprünge des Konflikts können Sie ja, wenn nötig, später zu sprechen kommen. 1945 war eine neue Welt im Begriff zu entstehen. Optimisten wie Sie, Stéphane Hessel, der Sie diese Entwicklungen ganz von Nahem verfolgen konnten, setzten all ihre Hoffnungen auf die Vereinten Nationen: Um »künftige Geschlechter vor der Geißel des Krieges zu bewahren«, wie es in ihrer Charta heißt, verpflichteten sich in der Tat 51 unabhängige und halbunabhängige Staaten feierlich, Recht und Gerechtigkeit zu achten und ihnen Achtung zu verschaffen. Als der Sicherheitsrat der Vereinten Nationen sich zwei Jahre später, 1947, für die Teilung Palästinas aussprach und damit die Schaffung des Staats Israel legitimierte, meinte er, damit ein Unrecht wiedergutzumachen. Doch für die Palästinenser, und ganz allgemein für die Araber, hat er damit ein neues Unrecht geschaffen.

Stéphane Hessel: Schon immer habe ich Franklin Roosevelt fast bedingungslos bewundert. Weil er schon vor dem Kriegseintritt der USA die Krise der dreißiger Jahre überwunden hatte, weil er seinem Land den Willen verliehen hatte, *die* große siegreiche Demokratie zu sein, und weil er sich im Dezember 1941 damit durchgesetzt hatte, die Vereinigten Staaten an der Seite der Alliierten in den Krieg eintreten zu lassen. 1944 befand ich mich im Rahmen der Mission Gréco, des Aufbaus eines Funknetzes der Résistance, für die Geheimdienste des Kämpfenden Frankreich in Paris. Dort wurde ich am 10. Juli von der Gestapo verhaftet. Ich wurde nach Buchenwald deportiert, und nachdem ich wie durch ein Wunder dem Henkerstrick entgangen war, konnte ich aus dem Lager Dora, wo ich vom 8. Februar bis 5. April festgehalten wurde, fliehen und erreichte die alliierten Streitkräfte bei Hannover.

Befreit und voller Begeisterung über den Sieg der Alliierten, meinte ich den Beginn einer neuen Weltära zu spüren. Als geborener Deutscher mit einem ganz besonderen Abscheu gegen

Herrn Hitler sagte ich mir: Jawohl, wir werden zum ersten Mal in der Weltgeschichte eine Organisation haben, die den Anspruch erhebt, weltumspannend zu sein, nämlich die Vereinten Nationen, die alle Nationen aufzunehmen bereit sind. Und die überdies, anders als ihr Vorgänger, der Völkerbund nach dem Ersten Weltkrieg, nicht nur dazu dienen sollen, Krieg zu vermeiden, sondern auch der Menschenwürde Respekt zu verschaffen, die so sehr mit Füßen getreten worden ist. Mit Füßen getreten durch die Art und Weise, wie die faschistischen Führer die eigenen Landsleute behandelten.

Was es mit der Vernichtung der Juden Europas, der Shoah, auf sich hatte, wussten wir damals nur sehr ungenau, und es spielte daher für uns noch keine besonders große Rolle. Allerdings fragte ich mich, wie groß die Katastrophe wohl gewesen sein müsse, nachdem ich in Dora gesehen hatte, wie die Menschen aussahen, die man von Auschwitz quer durch Deutschland dorthin transportiert hatte: Sie waren in einer unbeschreiblich elenden Verfassung – in meinen Erinnerungen[2] schreibe ich, dass der Anblick dieser Juden auf uns wirkte, als kämen sie aus einer anderen Welt. Sie wurden weiter ins KZ Bergen-Belsen gebracht, wo viele von ihnen umgekommen sind.

Also sagte ich mir: Bravo Roosevelt, bravo de Gaulle – zu letzterem war ich im März 1941 wieder gestoßen –, die Welt, die wir bauen werden, wird das Gegenteil dessen sein, was wir unter dem Faschismus erlebt haben!

Und was die Sowjetunion betrifft, so wussten wir sehr wohl, dass die Schauprozesse manipuliert waren, in denen Stalin in den Jahren 1936 bis 1938 die Veteranen der Revolution von 1917 hatte verurteilen lassen. Wir wussten auch, dass die Bevölkerung terrorisiert wurde, aber wir sagten uns: Es war Krieg, und es war in Wahrheit die Rote Armee, die ihn gewonnen hat. Wir, die Deportierten in den Lagern, wussten genau, wie langsam sich unsere Befreier im Westen näherten und wie schnell dagegen die Rote

2 Stéphane Hessel, *Tanz mit dem Jahrhundert*, Berlin 2011

Armee vorrückte. Wir hatten ehrlich gesagt zwei Helden: Roosevelt, weil er die Idee der Vereinten Nationen gehabt hatte, und die Rote Armee – nicht Stalin, sondern die Rote Armee –, weil sie Sieg um Sieg errang.

Erst nach der Befreiung der Konzentrations- und Vernichtungslager der Nazis begannen wir, die Überlebenden, nach und nach zu begreifen, was mit den Juden Deutschlands – zuerst den Juden Deutschlands – und dann mit den Juden des gesamten besetzten Europa geschehen war. Ich war ja als Deutscher geboren, und ich wusste, welche bedeutende Rolle Juden in diesem Land Ende des 19. und Anfang des 20. Jahrhunderts auf allen Gebieten gespielt hatten, in der Wirtschaft ebenso wie im Theater, in der Literatur und der Bildhauerei ... Ganz offensichtlich dienten sie dann als Sündenbock; es war ziemlich leicht, sie für die Schuldigen daran zu erklären, dass Deutschland den Ersten Weltkrieg verloren hatte. Ich sollte sehr bald Gelegenheit haben, mehr über die Verbrechen der Nazis zu erfahren.

Im Februar 1945 kam ich in New York an. Léon Poliakov[3], ein Onkel meiner Frau, arbeitete damals eng mit Edgar Faure[4] zusammen, dem französischen Chefankläger am Internationalen Militärgerichtshof in Nürnberg. So kam es, dass ich mit einem Mal sehr gut über die Naziverbrechen informiert war, und ich entdeckte, wie einzigartig in den Annalen der Geschichte die systematische Auslöschung der Juden war.

Wir, die siegreichen Vereinten Nationen, hatten uns in New York versammelt, um über die Zukunft unserer Welt nachzudenken – eine Zukunft, die auf den Menschenrechten, auf der Würde jedes einzelnen Menschen, auf der Ablehnung des Faschismus und des Totalitarismus gründen sollte (Hannah Arendt gehörte übrigens zu denen, die mit der Hilfe meines Freundes

3 Léon Poliakov (1910–1997), französischer Historiker, gehörte zu den ersten, die die Vernichtungspolitik der Nazis systematisch dokumentierten.

4 Edgar Faure (1908–1988), französischer Jurist und Mitglied der Résistance, war einer der führenden Politiker Frankreichs während der Vierten und in den Anfangsjahren der Fünften Republik.

Varian Fry[5] Frankreich noch rechtzeitig verlassen konnten). Deshalb sagten wir uns, dass wir der unerträglichen Lage der Juden, für die die Deutschen verantwortlich waren, ein für allemal ein Ende setzen müssten. Wir waren verpflichtet, eine Lösung für sie zu finden. Das Judentum musste seine alte Stärke, seinen Glanz zurückerlangen können. Natürlich wünschten wir uns, dass endlich alle demokratischen Länder Juden aufnehmen würden, vor allem die Vereinigten Staaten, die sich noch kurz vor dem Krieg als ziemlich antisemitisch erwiesen hatten. Wir wollten, dass es künftig einen Platz für die Juden geben sollte. Doch sollte man deshalb einen Staat für die Juden schaffen? Dies war nicht von vornherein evident.

Die berühmte Balfour-Deklaration von 1917, benannt nach dem damaligen britischen Außenminister, sprach von einer nationalen Heimstätte der Juden in Palästina. Aber war das die beste Lösung?, fragten wir uns.

Ich war ein schlechter Jude, weil ich es nur väterlicherseits war, was bereits nicht gut ist, und darüber hinaus, weil mein Vater sich nur für die griechische Mythologie interessierte. Er hat mich nie meine Bar-Mitzwa feiern lassen und nie in die jüdische Religion eingeführt, sondern nur in die moralischen Werte des Judentums, die ihm teuer waren –, ihm, der ein Bewunderer Kafkas war und ein enger Freund von Walter Benjamin und Gershom Scholem …

Das Judentum spielte eine Rolle für ihn, und für mich auch. Doch nun, in New York, fragte ich mich trotzdem, ob diese Heimstätte für die Juden wirklich dort, in Palästina, errichtet werden musste? Und ich war ehrlich gesagt etwas misstrauisch gegenüber unseren britischen Freunden. Ich bewunderte Winston Churchill sehr, der für uns den Krieg gewonnen hatte, ich bewunderte ebenfalls die britische Politik, die eine Politik des Gleichgewichts war.

5 Varian Fry (1907–1967), ein amerikanischer Journalist, organisierte von Marseille aus die Flucht zahlreicher von den Nazis verfolgter Intellektueller in die USA, darunter Hannah Arendt, André Breton, Marc Chagall, André Duchamp, Max Ernst, Lion Feuchtwanger, Alma Mahler-Werfel, Franz Werfel, Heinrich und Golo Mann, Walter Mehring und Alfred Polgar.

Aber ich misstraute Großbritannien wegen seiner Haltung zu den Vereinten Nationen. Die Briten hatten eine solche Organisation nicht gewollt. Es war Roosevelt, der sie den Briten aufgezwungen hatte, so wie er sie Stalin aufgezwungen hatte. Nun hatten die Briten aber den Schlüssel zu jeder möglichen Entscheidung über die Zukunft Palästinas in der Hand.

Sie waren seit 1920 die Mandatsmacht, die das Land im Namen des Völkerbunds verwaltete. Doch da jedes solche Mandat natürlich zur Unabhängigkeit führen sollte, wie es in Syrien und im Libanon der Fall gewesen war, blieb die Zukunft Palästinas unklar: Sollte es ein unabhängiger Staat werden, und wenn ja, was für ein Staat? Was sollte aus der von Balfour versprochenen »nationalen Heimstätte« für die Juden werden? Und war es inzwischen nicht so, dass diese Heimstätte, in die sich die Juden aus aller Welt flüchten konnten, bereits existierte, und dass es sie zu schützen galt? Dies waren die Fragen, die sich die Diplomaten zu Beginn der Verhandlungen über die Zukunft Palästinas nach dem Ende des britischen Mandats stellten.

Elias Sanbar: Natürlich habe ich diese Zeit nicht selbst erlebt, aber sie hat mich seit jeher interessiert. Ein Teil der Argumente, mit denen gerechtfertigt wird, dass Palästina uns weggenommen wurde, geht davon aus, dass den Opfern der Nazibarbarei Gerechtigkeit widerfahren sollte. Doch nur wenige Menschen wissen, wie sich die Kriegsjahre für die Palästinenser darstellten. Paradoxerweise waren dies die einzigen »glücklichen« Jahre für sie. Ich höre noch heute meinen Vater sagen: »Die Großen trugen anderswo ihre Konflikte aus, die Welt hatte uns vergessen.« Merkwürdige Jahre, in denen das Land einen wirtschaftlichen Aufschwung erlebte – obwohl Flugzeuge der Achsenmächte regelmäßig meine Heimatstadt Haifa bombardierten, wo sich die Raffinerie für das aus dem Irak hierhin gebrachte Erdöl befand. Dies war der Anwesenheit von Tausenden alliierten Soldaten zu verdanken, die ernährt werden mussten und die konsumierten, während sie auf den Beginn größerer Operationen gegen die Truppen Vichy-Frankreichs warteten, die die Nachbarländer Libanon und Syrien kontrollierten. Mit einem Mal hatten die Palästinenser, die buchstäblich noch keinen Tag Frieden seit dem Ende des Ersten Weltkriegs erlebt hatten, den Beweis, dass ein normales Leben möglich war, sobald man sie vergaß.

Natürlich war das nur ein Zwischenspiel in der endlosen Reihe von Revolten, Demonstrationen, Generalstreiks und Zusammenstößen mit der zionistischen Bewegung sowie von Repressalien und Ausnahmegesetzen, die Großbritannien, die Kolonialmacht in Palästina, verhängte. Einer Periode fortgesetzter Unruhen, die zwischen 1935 und 1939 in einem allgemeinen bewaffneten Aufstand gipfelten – die Palästinenser nennen ihn die »große Revolution von '36« –, an dessen Ende der größte Teil des Landes von aufständischen Untergrundkämpfern kontrolliert wurde. Die Briten waren daher gezwungen, Palästina regelrecht zurückzuerobern.

Dieser neue Krieg wurde seit 1938 von General Montgomery geführt, dem späteren Sieger über Rommel bei el-Alamein in der libysch-ägyptischen Wüste. Der Beginn des Zweiten Weltkriegs im September 1939, die vitale Notwendigkeit für London, die Situation zu beruhigen und sich nicht mit einem zusätzlichen Krisenherd zu belasten, sowie das von Churchill in einem Weißbuch gemachte Versprechen, nach dem Krieg den palästinensischen Unabhängigkeitsbestrebungen entgegenzukommen, führten dazu, dass die Palästinakrise »ausgeklammert« wurde, also zu einem Moratorium.

Mit dem Sieg der Alliierten traten die Vereinigten Staaten, die Schutzmacht und die Verbündeten der zionistischen Bewegung, in das regionale Kräftespiel ein. Dies bedeutete für das palästinensische Volk, dass es sich um seine Zukunft ängstigen musste. Stéphane, Sie haben an die enormen Hoffnungen erinnert, die viele in diesen Jahren gespürt haben. Für die Palästinenser jedoch war alles wieder beunruhigend geworden. Was für ein Schicksal erwartete das Land nun nach dem Ende des Weltkriegs, nachdem die Bewegung von Ben Gurion besser bewaffnet war denn je? Und vor allem nachdem die Idee, in Palästina eine nationale Heimstätte der Juden zu schaffen, die sich auf die Überzeugung gründete, dass den Opfern der nationalsozialistischen Barbarei Gerechtigkeit widerfahren solle, beinahe überall auf der Welt als legitim betrachtet wurde? Die palästinensische Gesellschaft war nun davon überzeugt, dass der letzte Akt des Dramas bevorstand. In dieser Situation, exakt im November 1947, wurde erneut der Grundsatz einer Teilung des Landes zur Lösung des Konflikts aufgestellt. Erneut, weil eine britische königliche Untersuchungskommission, die Peel-Kommission, bereits 1937 erfolglos eine ähnliche Lösung empfohlen hatte. Doch die Verhältnisse in der unmittelbaren Nachkriegszeit waren völlig verschieden. Der Machtverlust des zwar siegreichen, aber erschöpften britischen Empire, der Aufstieg der Vereinigten Staaten zur Weltmacht, der Zustrom jüdischer Überlebender nach Palästina, die neuerlangte Legitimität des Zionismus, der als der alleinige Träger und Verteidiger der Rechte der jüdischen Opfer angesehen wurde – all dies bewirkte, dass die Idee einer Teilung, die nun in der UNO und nicht in der britischen Regierung diskutiert wurde, sich schließlich am 29. November 1947 mit der Annahme der Resolution 181 durchsetzte. Sie empfahl die Teilung Palästinas in einen arabischen Staat auf 42,88% des Territoriums und einen jüdischen Staat auf 56,47% des Territoriums sowie die Internationalisierung der Stadt Jerusalem – 0,65% des Territoriums.

Ben Gurion, der damals der maßgebliche Führer der zionistischen Bewegung in Palästina war, nahm die Empfehlung an. Die Palästinenser dagegen lehnten sie ab. Diese Fakten sind bekannt. Sie werden seitdem sogar Jahr für Jahr von den Befürwortern der heutigen Besatzungspolitik, natürlich am Jahrestag, lauthals beschworen, um zu erklären, dass die Palästinenser, die heute eine Lösung auf der Grundlage zweier Staaten anstreben, eines israelischen und eines palästinensischen, die Seite an Seite in Frieden und guter Nachbarschaft auf dem Boden des historischen Palästina existieren, nur die Empfehlung von November 1947 hätten zu akzeptieren brauchen … Als ob ein unter fremder Besatzung lebendes Volk auf ewig dazu verdammt wäre, für eine verpasste historische Chance zu büßen, als ob die nicht nachlassende Verhandlungsbereitschaft der zionistischen und dann der israelischen Führung stets auf einen exakt im selben Augenblick entstandenen palästinensischen Irredentismus gestoßen sei.

Sind die Palästinenser einem Irrtum aufgesessen, haben sie einen Fehler in dem Sinne gemacht, wie ihre Kritiker das verstehen? Es ist wichtig, hier auch darauf zu antworten. Leider, denn ich kann kaum die vielen Male zählen, in denen jeweils im November Zeitschriften und Zeitungen mich aufgefordert haben, auf diesen Vorwurf zu reagieren …

In Wahrheit war das, was damals geschehen ist, eine Machtprobe zwischen dem gefürchteten taktischen Geschick Ben Gurions und der Stimmung unter den Palästinensern, dass die Teilung ein schreiendes Unrecht besiegelte. Nämlich, dass ein Volk dazu gezwungen werden sollte, die Hälfte des seit Jahrhunderten von ihm bewohnten Landes aufzugeben, als Entschädigung für Verbrechen, die von anderen Völkern in Europa begangen worden waren. Resultat der Teilung war ein Krieg, von dem sich schon bei den ersten Kampfhandlungen herausstellte, dass er geplant war und dass er nicht der Verteidigung diente, sondern der von Massakern begleiteten Vertreibung und Umsiedlung der palästinensischen Bevölkerung.

Ich möchte gern zu diesem Thema die schrecklichen, das künftige Blutbad ankündigenden Worte eines Diplomaten nach der Abstimmung über die Teilungsresolution vor der UNO zitieren, nämlich die des pakistanischen Delegierten Zafrulla Khan: »Dies war eine schwerwiegende Entscheidung. Der Vorhang ist gefallen. […] ›Wir haben das Gute getan, so wie Gott es uns hat sehen lassen‹ – dies waren die Worte des amerikanischen Präsidenten. Tatsächlich hat er eine zureichende Zahl von Delegierten, unseren Kollegen, davon überzeugen können, das Recht auf dieselbe Weise wie er zu sehen, und sie von ihrer eigenen Sichtweise abgebracht. Unsere Herzen sind voll Trauer, doch unser Gewissen ist ruhig. [...] Imperien entstehen und vergehen. [...] Heute spricht man nur noch von den Amerikanern und den Russen. [...] Niemand vermag vorauszusehen, ob die Vorlage, die von diesen beiden großen Ländern unterstützt worden ist, sich als wohltätig oder als verhängnisvoll erweisen wird. Und dennoch fürchten wir, dass die wohltätigen Folgen, wenn sie sich denn feststellen lassen, nur von geringem Gewicht gegen die Schäden sein werden, die diese Teilung nach sich ziehen wird.«

Angesichts dieser Worte muss man zu erklären versuchen, warum die westliche Welt ohne die geringsten Gewissensbisse das Verschwinden eines Landes und eines Volks von der Landkarte unterstützt oder stillschweigend geduldet hat. Gewiss, die Palästinenser unterlagen einem Kolonialregime, und die Umsiedlung eines kolonisierten Volks – dem man im Übrigen den Status eines Volks verweigerte – war nichts besonders Schwerwiegendes in der immer noch allgegenwärtigen Kolonialwelt. Außerdem war Europa selbst in diesen Jahren nach Kriegsende die Bühne großer Bevölkerungsbewegungen; dies ließ die Umsiedlung der Palästinenser, selbst wenn sie gewaltsam geschah, noch banaler erscheinen. Und schließlich liegt es auf der Hand, dass die Überlebenden der »Vernichtung der europäischen Juden«, um es mit den Worten von Raoul Hilberg, *der* historischen Autorität auf diesem Gebiet, zu sagen, keinerlei Lust verspürten, von neuem unter denen zu leben, die ihre Peiniger gewesen waren. Dieses hatte viel mit der damals vorherrschenden Stimmung zu tun, nämlich, dass die Geburt eines jüdischen Staates die richtige und »angemessene« Antwort auf die Nazis war, etwas »absolut Gutes« gegen das »absolut Böse«.

Dies macht verständlich, wieso das Unglück der Palästinenser, völlig unabhängig von einer Annahme oder Ablehnung der Teilung, in den Augen der Welt nicht sehr schwer wog. Ich möchte auch den Vertreter Palästinas vor der UNO zitieren, Jamal-al-

Husseini, der niemand anderes als der Großvater mütterlicherseits unserer Freundin Leila Shahid war, die über viele Jahre hinweg die Sache der Palästinenser in Frankreich vertreten hat.

Seine Rede datiert vom 26. April 1948. Damals wütete in Palästina der Krieg, und tausende Palästinenser, darunter auch meine Familie, waren bereits in arabische Nachbarländer geflohen. Husseini lehnte die Teilung ab, doch zugleich machte er folgenden Vorschlag: Die damals in Palästina lebenden 600 000 Juden sollten in einem unabhängigen Palästina dieselben Bürgerrechte haben wie die 1 400 000 Palästinenser. Dieser Vorschlag ist aus fast allen historischen Darstellungen verschwunden. Diejenigen, die den Wahrheitsgehalt dessen, was ich sage, bezweifeln, können sich in den UNO-Archiven vergewissern, wo es ein Filmdokument der Rede gibt. Husseinis Beitrag gipfelte in diesen Worten: »Die Teilung ist geographisch unpraktikabel: acht Landesteile, drei Regierungen, vierzig Grenzen, zehn Korridore […] Diese Art von Teilung ist so etwas wie eine neue Balkanisierung. […] Die Jewish Agency gibt vor, die Araber hätten alle ihnen unterbreiteten Vorschläge in den letzten fünfundzwanzig Jahren zurückgewiesen. Die Araber haben nur solche Lösungen zurückgewiesen, die sie entgegen dem Selbstbestimmungsrecht der Völker mit ihrer Vernichtung als Volk bedrohten.«

Man kann die Geschichte nicht von vorn beginnen, doch es ist wichtig zu sagen, dass dieser Konflikt mit einem schrecklichen Unrecht begonnen hat, das in Palästina begangen wurde, um ein anderes wiedergutzumachen, das seinen Ursprung in den Schrecken der Lager der Nazis hatte.

Stéphane Hessel: Was uns, die wir damals in New York saßen, als die Verhandlungen bei den Vereinten Nationen begannen, erstaunte, das war das Größenverhältnis zwischen der kleinen jüdischen Gemeinschaft und der riesigen arabischen Welt. Wir dachten nicht in Begriffen wie »Palästina« oder »Palästinenser«, sondern betrachteten die gesamte arabische Welt, die wir – ich glaube, ganz zu unrecht, aber so dachten wir damals – einer gewissen Komplizenschaft mit den Nazis verdächtigten. Der Mufti von Jerusalem, Amin al-Husseini, der auch der einflussreichste palästinensische Führer war, hatte mit Hitler und Mussolini kollaboriert. Wir sagten uns: Diese armen Juden sind auf die abscheulichste Weise massakriert worden, und nun verlangen sie mit rührender Bescheidenheit nur 55% des Gebiets, in dem ihre Religion wurzelt. Warum nur will der riesige Islam ihnen das mit allen Mitteln verwehren? David Ben-Gurion, dessen Intelligenz wir keineswegs unterschätzten, kam uns überzeugend vor, wenn er ein für die Gründung eines Staats hinreichend großes Territorium verlangte, und die 55% erschienen uns als das Minimum.

Und was antwortete man uns von der arabischen Seite? »Keine Frage, wir werden gegen jede Teilung kämpfen.« Die Zionisten waren also gewarnt, und sie waren besser organisiert; sie verfügten über eine Armee und über Terrororganisationen, die alle Welt bewunderte, weil sie sich so tapfer schlugen. Und gegen wen kämpften sie? Für uns stand fest: gegen die Briten. Diese waren hin- und hergerissen zwischen zwei Lagern: Auf der einen Seite hatten sie den Juden eine »nationale Heimstätte« versprochen, auf der anderen mussten sie die Befindlichkeiten ihrer Verbündeten und Schützlinge in der arabischen Welt berücksichtigen. Scheinbar fand der Konflikt zwischen Juden und Briten statt. Und aus diesem Grunde haben wir damals das nicht verstanden, was die Palästinenser die *Nakba* nennen, das heißt, die Katastrophe, die für sie der Verlust Palästinas bedeutete.

An dieser Stelle komme ich auf das zurück, was Sie gesagt haben. Die Araber, das waren kolonisierte Völker. Nicht ihnen wurde Palästina weggenommen, sondern den Briten. Wir fanden es völlig natürlich, mehr als die Hälfte dieses uralten Landes, das sich noch unter britischer Vormundschaft befand, den Juden zu geben, die es brauchten, um sich zu versorgen und sich eine Zukunft zu schaffen. Die Araber Palästinas brauchten doch nur irgendwoanders hin zu gehen in der riesigen Welt des Islam, und sie konnten sich doch nicht beklagen, nachdem die Vereinten Nationen nach mühsamen Verhandlungen die Teilung Palästinas zwischen ihnen und den Juden beschlossen hatten.

Was heute als besonders gravierend erscheint: Damals dachten wir nicht, dass so etwas wie ein palästinensisches Volk existierte. Für uns gab es nur Araber, und diese Araber verfügten über ein riesiges Gebiet, und die Briten, so dachten wir, würden niemandem unrecht tun, wenn sie bei den Verhandlungen über das Ende ihres Mandats über Palästina und Transjordanien einen Teil des ihrer Vormundschaft anvertrauten Landes diesen unglücklichen Juden überließen.

Elias Sanbar: Während ich Ihnen zuhörte, Stéphane, musste ich an ein Interview mit dem großen israelischen Humanisten Professor Leibowitz[6] denken, das wir in der *Revue d'études palestiniennes* veröffentlicht haben. Als die Rede auf die Teilung von 1947 kam, sagte er im Wesentlichen: »Alle Welt richtet darüber, was ihr hättet machen sollen: akzeptieren oder nicht akzeptieren. Ich aber sage euch, dass ihr ganz einfach keine Chance hattet, dem Schicksal zu entgehen, das man für euch bereithielt, auch wenn ihr die Teilung akzeptiert hättet. Die ganze Welt war sich darüber einig, dass der Staat Israel entstehen sollte.«

Zu diesen düsteren Aussichten trat auch noch das verhängnisvolle Erbe des Mandats, das Großbritannien 1921 von der Vorgängerin der UNO, dem Völkerbund, zugewiesen worden war. Man darf die Bedeutung der entsprechenden Texte nicht unterschätzen. Der Artikel, der die Aufgabe und die Verantwortlichkeiten der Mandatsmächte definierte (»Mandatsmacht« war leichter zu akzeptieren als »Kolonialmacht«, obwohl das in der Realität keinen Unterschied machte), gab Frankreich und Großbritannien auf, die betroffenen Völker zur »Mündigkeit« zu führen. Die Vorstellung »unmündiger« Völker war nicht uninterssant in einer

6 Jeschajahu Leibowitz (1903–1994), in Deutschland ausgebildeter bedeutender Biochemiker und Religionsphilosoph, 1936 nach Palästina ausgewandert. Kritiker der israelischen Annexionspolitik nach 1967.

Zeit, in der alle Welt die vom amerikanischen Präsidenten Wilson verkündeten Prinzipien begrüßte, voran das Selbstbestimmungsrecht der Völker.

Die Idee der Unmündigkeit war also in die Texte eingeschrieben, die die französischen und britischen Mandate über die vom Osmanischen Reich eroberten nahöstlichen Provinzen begründeten: Die künftigen Mandatsgebiete Libanon, Syrien, Palästina, Transjordanien und Irak. Entsprechend waren die allgemeinen Grundsätze der gemeinsamen Mission Frankreichs und Englands im Artikel 22 des Völkerbundvertrags definiert: Da die Völker der betroffenen Territorien noch nicht in der Lage seien, »sich unter den schwierigen Bedingungen der modernen Welt selbst zu regieren«, werde »die Vormundschaft über diese Völker entwickelten Nationen anvertraut, die dank ihrer Mittel, ihrer Erfahrung und ihrer geographischen Lage die geeignetsten sind, diese Verantwortung zu übernehmen und die sie akzeptiert haben.«

Als unmündiges Volk, das es zur Mündigkeit zu führen galt, wurden die Palästinenser de facto von Großbritannien kolonisiert, auch wenn das nicht so hieß. Derselbe Mandatstext erkannte auch die Balfour-Deklaration an und damit das Ziel, in Palästina eine nationale Heimstätte der Juden zu schaffen. Die zwei Mündel mit ihren entgegengesetzten Träumen – wie sollte es eine Selbstbestimmung der Palästinenser *und* den Judenstaat geben können? – sind der Schlüssel zu der Palästinapolitik Londons. Also sollte die Mandatsmacht, der die Macht dazu übertragen worden war, der Schiedsrichter im Streit der »Unmündigen« sein. Und dieser Schiedsrichter würde eine Lösung finden, die die ständige Präsenz des Empire in dieser strategisch bedeutenden Region sicherte, wo das irakische Öl das Mittelmeer erreichte und wo der Suezkanal und mit ihm der Seeweg zum indischen Kaiserreich gesichert werden musste.

In der Kolonialverwaltung fanden sich fanatische Parteigänger des Zionismus ebenso wie große Antisemiten, Sympathisanten der arabischen Sache ebenso wie selbsternannte Rassisten, doch das änderte nichts an der Linie der Politik: Teile und herrsche. Und als die Briten 1948 ihr Mandat niederlegten, waren es in Wahrheit ihre mächtigen Verbündeten, die Amerikaner, die sie dazu gedrängt hatten. Dazu lohnt es sich, auf eine Episode zurückzublicken, die sich mitten im Krieg, 1942, im New Yorker Biltmore-Hotel während eines Kongresses zugetragen hatte, zu dem sich sämtliche jüdischen Organisationen Amerikas versammelt hatten. Die Führer des Jischuw, voran Ben Gurion und Chaim Weizmann, waren zugegen. Und Ben Gurion, der bereits erkannt hatte, dass am Ende des Krieges die Amerikaner die neuen Herren der Welt sein würden, verkündete den Wechsel des Hauptverbündeten; seine Bewegung stelle sich unter den Schutz der Vereinigten Staaten und sei deren Verbündeter, ohne irgendwelche Bedingungen zu stellen. Ein kurzer Text besiegelte diese neue Allianz: *We look Towards America.*

Hannah Arendt war es, die in einem *Zionism Reconsidered* überschriebenen Artikel darauf antwortete. Sie war der Meinung, dass Ben Gurion mit seiner neuen Politik sich anschickte, alle jüdischen Gemeinschaften in der Welt seinen Zielen unterzuordnen. Damals entstand ein Dreieck, in dem der Zionismus eng mit den Vereinigten Staaten verbündet war und dadurch mehr als zuvor zum dauernden Bezugspunkt für die Juden wurde, wo immer sie sich auch befanden.

Stéphane Hessel: Die Amerikaner haben den Briten geholfen, die Franzosen aus der Levante zu verdrängen. Und beide haben so gut es ging versucht, ihre politischen Anstrengungen zu koordinieren, vor allem um der »Eindämmung« der Sowjetunion im Kalten Krieg willen. Ich glaube, dass vor allem die Pläne der Briten für den gesamten arabischen Orient eine große Rolle gespielt haben. Sie hatten vor allem in Ägypten und im Irak keine geringen wirtschaftlichen und politischen Interessen. Und es gab diesen Emir von Transjordanien, Abdallah, den späteren König, der ihnen als vertrauenswürdiger Partner erschien und der über eine gut trainierte Armee verfügte: die berühmte Arabische Legion, die von einem Engländer kommandiert wurde, Glubb Pascha. Dies war so ziemlich die einzige zuverlässige arabische Armee.

Im Krieg von 1948, nach der Gründung des Staates Israel, in dem dieser mit mehreren arabischen Armeen konfrontiert war, haben sich die Transjordanier als die effizientesten unter den Arabern erwiesen, im Unterschied zu den Ägyptern und Syrern zum Beispiel. Die Briten wollten Abdallah zum König eines »Großsyrien« machen, auf Kosten der syrischen und der libanesischen Republik, die gerade erst die Unabhängigkeit erlangt hatten. Ihre arabische Politik war sehr ambitioniert. Aber welches war ihre Einstellung zu Ben Gurion im Rahmen dieser Politik? Mir scheint, die Engländer hatten den Eindruck, sie täten zu viel für die Juden, wenn sie ihnen mehr als die Hälfte Palästinas überließen.

Was mich in den Jahren 1947 und 1948 am meisten faszinierte, waren die zahlreichen Debatten, die Ralph Bunche[7] zwischen den Juden auf der einen und den Arabern auf der anderen Seite führte. Die komplizierte Teilung, zu der es am Ende kam und die immerhin von 1948 bis 1967 hielt, war für die Palästinenser natürlich beklagenswert, doch im internationalen Zusammenhang war sie brauchbar. Und wie gingen wir damals mit der Palästinafrage um? Nun, alle Staaten sind durch Eroberungen entstanden – warum sollten es die Juden da anders halten? Die Araber Palästinas aber hatten keinen besonderen Grund zur Klage, denn sie behielten ja fast die Hälfte des Gebiets, das ihnen völkerrechtlich gar nicht gehörte, sondern das vor dem britischen Mandat Teil des osmanischen Reichs gewesen war. Sie konnten im Übrigen auf ihre reicheren arabischen Brüder zählen, um sich ökonomisch und kulturell weiterzuentwickeln. So sahen wir damals die Dinge.

Und wenn ich »wir« sage, so meine ich damit die Franzosen gu-

---

7 Ralph Bunche (1904–1971) war ein farbiger amerikanischer Bürgerrechtler und Diplomat. Seit 1946 bei den Vereinten Nationen tätig, trat er 1948 die Nachfolge des am 17. September dieses Jahres von radikalen Juden ermordeten Schweden Folke Bernadotte als UNO-Vermittler zwischen Israel und den arabischen Staaten an.

ten Willens, die sich wünschten, dass Frieden herrschte, die wollten, dass die Juden einen Staat hatten, und die von einer guten Nachbarschaft träumten, so wie es sie jetzt zwischen Franzosen und Deutschen gibt. Warum sollte es nicht auch eine Verständigung zwischen Israelis und Arabern geben? Die Araber aber waren verbohrt und lehnten den internationalen Kompromiss ab, sie begannen einen Krieg und verloren ihn kläglich. Bis zum Sechstagekrieg 1967 betrachtete kaum jemand den Konflikt mit anderen Augen: Der Teilungsplan ist eine juristische Regelung, und alle solche Regelungen sind schlecht und niemals perfekt. Die Juden haben nicht alles bekommen, was sie wollten: Sie hätten sich ein größeres Territorium gewünscht, weil dies der zionistischen Ideologie entsprochen hätte. Aber wir, die wir keine Zionisten waren, waren überzeugt, dass sie ihren Staat haben sollten, so, wie er durch die UNO-Resolutionen definiert worden war. Was die Palästinenser betrifft, nun, wir kannten sie eigentlich nicht. Das Wort »Palästina« bezeichnete noch kein Volk. Es gab noch nicht die PLO von Jassir Arafat, und es gab noch niemanden, der von »wir, die Palästinenser« sprach. Ich drücke das etwas hart aus, um deutlich zu machen, wie sehr wir uns geirrt haben. Erst nach 1967 haben wir wirklich begriffen, dass es ein palästinensisches Volk gibt, das sich von den anderen arabischen Völkern unterscheidet und das eine Heimat hatte, nämlich Palästina, wo es seit Menschengedenken gelebt hatte und von wo es durch eine gewalttätige moderne Armee vertrieben worden war. Wir begriffen, dass dies 1948 geschehen und dass dies für die Palästinenser eine Katastrophe war, eine *Nakba*.

Elias Sanbar: Die ganze Welt war damals ziemlich kurzsichtig. Das lag nicht einfach nur an einem Mangel an Information und an einer ungenauen Kenntnis der Lage. Die Kurzsichtigkeit, um die es geht, ist auch das Ergebnis einiger Besonderheiten der zionistischen Bewegung, die den Blick auf den Palästinenser verstellten. Was die Zionisten in Palästina unternahmen, erschien als hochgradig moralisch, als die Antwort der Überlebenden und ihrer Religionsgenossen auf das »absolut Böse« der Nazibarbarei. Im Übrigen fanden in Europa große Bevölkerungsbewegungen und Umsiedlungsaktionen statt – wie konnte da der Austausch einer kolonisierten, »unmündigen« und daher auch unverantwortlichen Bevölkerung schockieren? Dies erschien nicht von großem Gewicht, sondern eher als eine banale demographische »Anpassung«. Zudem lastete auf diesen Palästinensern, die doch einfach nur die Altbevölkerung darstellten, eine schwere Hypothek. Denn war nicht ihr historischer Führer – Sie haben ihn bereits erwähnt –, der Mufti von Jerusalem, ein enger Verbündeter der Nazis gewesen, der in Berlin Zuflucht gefunden hatte? Rechtfertigte das nicht jedes Unrecht, das seinen Leuten zugefügt wurde? Es kam noch heftiger: Ein ganzes Volk wurde der Komplizenschaft mit diesem Führer geziehen, und schnell vergaß man, dass tausende Palästinenser unter Führung ihrer Gewerkschaften während des Kriegs auf die Straße gegangen waren, um ihrer Ablehnung des Nazismus Ausdruck zu verleihen.

Stéphane Hessel: Die Zeiten ändern sich, gottseidank. Dazu gehört das, was wir seit der Revolte gegen Ben Ali in Tunesien erleben. Für mich besteht die entscheidende Bedeutung des Arabischen Frühlings in dem Beweis, dass es in der islamischen Welt nicht nur schrecklich totalitäre Politiker gibt, sondern auch großartige Demokraten. Und das gilt für alle Länder, auch für Israel. Denn auch in Israel gibt es noch großartige Demokraten, auch wenn die Anhänger einer totalitären Tyrannei im Moment die Oberhand zu haben scheinen. Doch kehren wir ins Jahr 1948 zurück. Wir stellten uns tausend Fragen: Würde es einen Staat Israel geben? Wenn es so käme, wäre das doch wunderbar: Die Juden hätten endlich einen Staat! Aber könnte sich dieser Staat mit den Briten verständigen? Das erschien sehr schwierig, denn die Briten hatten ihre eigene arabische Politik, und sie hatten sehr wichtige Interessen in der arabischen Welt zu verteidigen. Und würde dieser Staat auf Dauer von den Vereinigten Staaten unterstützt werden? Vielleicht, aber Amerika war ein ziemlich antisemitisches Land, man konnte nicht wissen, wie sich die Dinge entwickeln würden.

Nun, damals begegnete ich dem Vizepräsidenten der Weltbank, Botschafter Lopez Herrarte, und der sagte zu mir: »Die Juden sind dabei, einen kapitalen Fehler zu begehen. Das Judentum hat zweifellos seine *raison d'être*, nicht nur als große Religion, sondern auch als eine wunderbare Art zu leben, mit all dem, was dies zur Kultur der Menschheit beigetragen hat, in allen Ländern, in denen es Juden gegeben hat. Aber dass sie jetzt einen Staat haben wollen, ist ein Fehler, für den sie früher oder später werden zahlen müssen.«

Zwei Jahre später stellte ich voller Bewunderung fest, dass die Israelis einen modernen und demokratischen Staat aufgebaut hatten; die Kibuzzim und die Moschawim[8] fand ich sehr sympathisch. Die Juden, die in der Geschichte schrecklich misshandelt worden waren, hatten einen Ort gefunden, an dem sie ihre Fähigkeit, die Wüste zum Blühen zu bringen, unter Beweis stellen konnten. So dachte ich damals. In Wirklichkeit haben sie nicht die Wüste zum Blühen gebracht, sondern Industrieanlagen aufgestellt, und es ist nicht die Wüste, die davon profitiert hat. Natürlich haben sie auch Landwirtschaft betrieben, aber das ist sekundär. Ich erwähne dies alles um zu sagen, dass ich mir meine Sicht der Dinge nicht durch Reden wie die von Lopez Herrarte zerstören ließ – die trotzdem auf lange Sicht vielleicht richtiger waren.

Sie haben mir eine Frage zur Charta der Vereinten Nationen gestellt, die in ihrer Präambel betont, dass alle Mitgliedsstaaten dieselben Rechte haben. Natürlich waren faktisch keineswegs alle Staaten gleich. Auch die arabischen Unterzeichnerstaaten hatten übrigens nicht denselben internationalen Status. So waren Syrien und der Libanon unabhängig, während der Irak und Ägypten

8 Moschawe (Moschawim) sind im Unterschied zu den Kibbuzzen (Kibbuzzim) Wirtschaftseinheiten, in denen es neben dem Gemeinschafts- auch Privateigentum gibt. Sie ähneln Genossenschaften.

noch unter britischer Verwaltung standen. Doch ich möchte die Frage auf eine andere Weise stellen, was uns die Gelegenheit geben wird, einige neue Begriffe in unsere Unterhaltung einzuführen. Entsprechend den Vorstellungen der UNO-Gründer musste es Völker geben, denn in der Charta hieß es »Wir, die Völker«. Es ging also darum, allen Völkern der Erde Regierungen zu geben, die in der Lage wären, ihnen ihre Grundrechte und ihre wirtschaftlichen, sozialen, bürgerlichen und politischen Rechte zu garantieren. Das ist auch in der Präambel zur Allgemeinen Menschenrechtserklärung festgehalten, in der es genauer heißt, dass es sich um die Rechte der Bevölkerungen aller Mitgliedsstaaten und all der Staaten handelt, deren Souveränität die Mitgliedsstaaten garantieren.

Die Idee, die diesem Text zugrundeliegt, war die folgende: Imperien sind vergänglich, sie werden sich in Völker aufteilen, und jedes dieser Völker hat das Recht auf einen Staat. Die Idee, dass aus Völkern Staaten hervorgehen sollen, ist in der Charta der Vereinten Nationen festgeschrieben. In der Praxis wurde das nicht respektiert. Die Imperien haben weiterhin ihr imperiales Recht behauptet.

Das britische Empire – stets intelligenter als die anderen – begann sich in ein Commonwealth zu verwandeln; als erstes entließ es den indischen Subkontinent in eine schlechte und umkämpfte Unabhängigkeit, mit der Schaffung zweier Staaten, Indien und Pakistan, zu dem damals auch das heutige Bangladesch gehörte. Die Entkolonisierung erhielt wichtige Impulse durch die Texte der Vereinten Nationen, die für sie eintraten, doch sie wurde von den Imperien mit der größten Spitzfindigkeit, mit der größten Arroganz und mit der größten Kurzsichtigkeit umgesetzt. Das letzte Imperium, das durch diese Entwicklung gegangen ist, war das Sowjetimperium. Es ist nun eine Föderation von Völkern mit sogenannten Staaten. Die einzigen, die sich keiner neuen Anstrengung unterziehen mussten, außer sich aus den Philippinen zurückzuziehen, waren die Vereinigten Staaten, weil sie ja bereits aus einer Vielzahl von Staaten bestanden.

Die Gründer der Vereinten Nationen hätten, wie später die Europäische Union, nur solche Staaten als Mitglieder aufnehmen können, die eine gewisse Anzahl fundamentaler Prinzipien respektieren: Menschenwürde, Freiheit, Demokratie, Rechtsstaatlichkeit, Menschenrechte … Sie haben sich jedoch dafür entschieden, und vielleicht war das sogar klug, dass jedwede Bevölkerung, die in einem Staat lebt, der in der Lage ist, seine Interessen durch die Diplomatie, im Austausch mit anderen Staaten, zu vertreten, Mitgliedsstaat der Vereinten Nationen werden kann. Wenn dieser Staat von einem schrecklichen Tyrannen regiert wird, so ist das seine Angelegenheit.

Auch wenn er von internen Konflikten zerrissen ist, hat er seinen Platz in den Vereinten Nationen, sobald er als Regierung in Erscheinung tritt und diese Regierung diplomatische Beziehungen mit anderen Regierungen unterhält. So kommt es, dass die meisten Mitglieder der Vereinten Nationen keine Demokratien sind. Wenn also eine arrogante Demokratie wie die Vereinigten Staaten verkündet: »Wir wollen mit diesen 193 Staaten nichts zu tun haben, sie sind doch nur eine Ansammlung von Schurken, wir sind die einzigen Verteidiger der Demokratie«, so stehen sie in Widerspruch zu dem Geist, der bei der Gründung der Vereinten Nationen Pate stand.

Dagegen lernen die Schurkenstaaten unter den UNO-Mitgliedern weniger schurkisch zu werden, weil durch ihre vielen Kontakte mit den anderen Staaten der Welt auch Druck auf sie ausgeübt wird. Ein Staatsmann, der ein kleines Land regiert, verbringt mindestens ein Drittel seines Lebens mit seinen Kontakten zu anderen Staaten. Ich glaube, dass die Vereinten Nationen gut daran getan haben, keine Vorbedingungen zu stellen. Die Europäische Union dagegen hat den Staaten, die Mitglieder werden wollen, die Erfüllung drakonischer politischer und wirtschaftlicher Bedingungen auferlegt. Das ist eine ganz andere Vorgehensweise, die nach meiner Meinung nicht geeignet ist, den Willen zum Beitritt zu fördern.

Doch zurück zu dem, was ich über die sehr unterschiedlichen jüdischen Reaktionen auf die Errichtung eines jüdischen Staats in Palästina gesagt habe. Ich gebe zu, dass ich hier kein sehr guter Zeuge bin, denn ich war nie Mitglied irgendeiner zionistischen Strömung. Und ich behaupte nicht, die verschiedenen jüdischen Gemeinschaften gut zu kennen, am wenigsten die orientalischen Juden, und auch nicht, genau zu wissen, warum sie sich mehrheitlich dem Zionismus angeschlossen haben. Ich habe jedoch beobachtet, wie meine politisch und ideologisch sehr unterschiedlich geprägten jüdischen Freunde auf die Geburt des Staats Israel reagiert haben. Die meisten dieser Freunde waren keine Zionisten. Sie waren auch keine Antizionisten, aber der Zionismus ist ein Nationalismus, und für sie ist das Judentum eine Religion und keine Nation.

Ich wiederhole, dass uns die Tatsache, dass Juden wegen ihrer Religion verfolgt werden konnten, als ein Verhängnis erschien, dessen Widerholung unbedingt verhindert werden musste. Wir, meine Freunde und ich, sympathisierten mit denen, die sagten: »Israel muss ein Ort sein, wo alle Juden Aufnahme finden, die wegen ihrer Religion verfolgt worden sind und verfolgt werden.« Für die Juden gab es keinen Ort, wo sie wirklich zuhause sein konnten, man musste ihn für sie schaffen. Wir waren Laizisten und fanden, dass jede Religion frei ausgeübt werden können muss. Frei, aber ohne andere Religionen zu benachteiligen. Wir sahen, so hofften wir, einen jüdischen Staat aufblühen, jawohl, einen jüdischen Staat, aber einen, der auch Nicht-Juden auf seinem Gebiet begrüßte und ihnen dieselben Rechte wie den Juden gab – so, wie der französische Staat Katholiken, Protestanten, Juden und Muslimen dieselben Rechte einräumt. Aus diesem Grund waren wir überhaupt nicht damit einverstanden, wenn eine israelische Regierung, egal welche, zusätzliche Gebiete für Israel zu beanspruchen begann. So hatten wir uns das nicht vorgestellt.

Schon vor der Shoah waren die Juden die Opfer schrecklicher Verfolgungen, durch die Inquisition oder in den Pogromen in

Russland und Polen. Sie brauchten ein Refugium. Wir glaubten, dass dieses, wie Sie es ausdrückten, Elias, »das Gute gegen das Böse« wäre. Das Gute war, dass die Juden endlich frei, ohne irgendwelchen Repressionen ausgesetzt zu sein, ihre Religion ausüben konnten. Und ganz einfach ihr Recht auf Leben. Das Böse war, ihnen dieses Recht zu verweigern und sie anzugreifen, um ihnen die Gebiete wieder abzunehmen, die ihnen nach dem Völkerrecht überlassen worden waren.

Es ist sehr schwierig, wenn nicht unmöglich, zu definieren, was jüdische Identität ist. Sie ist gewiss religiös, aber nicht nur. Sie ist auch kulturell. Und sie ist, sobald man von einem »jüdischen Volk« spricht, auch national, aber in welchem Sinn? Dies ist alles sehr kompliziert, und ich glaube, dass die ganz überwiegende Mehrheit der Befürworter der Staatsgründung sich solche Fragen nicht gestellt haben. Für sie blickten die Juden ganz einfach auf eine lange Geschichte von Verfolgungen zurück, zu denen auch ihr Status in den arabischen Ländern als *Dhimmis*, Bürger minderen Rechts, gehört, die gegenüber den Muslimen diskriminiert waren. Diese Verfolgungen waren manchmal gewaltsam, manchmal auch sehr gewaltsam und manchmal ungeheuerlich, wie die systematische Vernichtung, und sie rechtfertigten vollkommen einen jüdischen Staat, in dem diese Religion endlich frei ausgeübt werden konnte. Und angesichts dessen, was die Angehörigen dieser Religion sich seit Jahrhunderten wünschten: »Nächstes Jahr in Jerusalem!«, sowie angesichts ihrer historischen Wurzeln lag es auf der Hand, dass dieser Staat in Palästina errichtet werden musste.

Elias Sanbar: Und das war nicht der einzige Trumpf der Zionisten. Ihre Bewegung wurde damals nicht als eine Organisation wahrgenommen, die ein religiöses Projekt durchzusetzen versuchte, sondern als modern, sozialistisch und egalitär. Und das, obwohl ihre Legitimation paradoxerweise eigentlich auf der Idee einer gemeinsamen Herkunft beruhte. Danach waren die jüdischen Immigranten *Rückkehrer*, die niemandem seinen Platz wegnahmen. Endlich, nach zwei Jahrtausenden Abwesenheit, die sie in der Diaspora verbracht hatten, kehrten sie in die Heimat zurück. Der Staat, der entstehen sollte, wurde also nur wiederhergestellt und war keineswegs eine Neuschöpfung aus dem Nichts. Sie waren im Jahr 70 von den römischen Legionen in alle Welt zerstreut worden, und es war legitim und natürlich, dass sie nun in das Verheißene Land zurückkehrten. Dies erklärt, warum sich das Projekt von Theodor Herzl, dem Gründervater des Zionismus, nur in Palästina verwirklichen ließ, und nicht an irgendeinem anderen Ort, wie manche behaupten, die als Beweis dafür, dass die Juden nicht an Palästina hingen, die Tatsache anführen, dass die frühesten Führer der Zionisten den britischen Vorschlag zu akzeptieren bereit waren, den Judenstaat lieber in Uganda als in Palästina zu gründen …

Stéphane Hessel: Für mich sind die intelligenten Juden diejenigen, die sagen: »Wir sind kein Volk, das zu einem Land gehört. Schauen wir uns doch an, wie wir uns über zahlreiche Länder verstreut und diesen etwas vermittelt haben, was so gar nichts mit der Idee des Nationalstaats zu tun hat, nämlich Reflexionsvermögen und die Fähigkeit, uns untereinander über die wesentlichen Probleme zu verständigen, so wie es die Tora lehrt und wie es der Talmud ausspricht. Lasst uns dies alles nicht von einem kleinen Winkel der Erde abhängig machen, der sich Jerusalem nennt; stellen wir uns lieber vor, wir seien so etwas wie die Griechen zu einem bestimmten Zeitpunkt der Weltgeschichte.«

Die Griechen in Griechenland waren nicht besonders wichtig, aber sie haben den Hellenismus im gesamten Mittelmeerraum verbreitet. Ich glaube, dass die intelligenten Juden die Dinge so betrachten sollten, und die Konsequenz, die sie daraus für Israel ziehen müssten, wäre diese: »Auch im Nahen Osten sind wir Menschen, die großartige Dinge denen vermitteln können, die unsere Nachbarn sind, das heißt den Arabern, das heißt, den Palästinensern, Ägyptern, Syrern und so weiter. Es ist möglich, dass man uns dort aufnimmt, so wie man uns in Frankreich und in den Vereinigten Staaten aufgenommen hat, und wir werden uns dort mit derselben Leichtigkeit bewegen, dieselbe intellektuelle Kompetenz an den Tag legen und darauf verzichten, herrschen zu wollen. Dies ist es, wodurch wir erreicht haben, dass in vielen Ländern dem Judentum viel Gutes nachgesagt wird.«

Elias Sanbar: Das ist wahr, doch die Geschichte wartet nicht darauf, dass die Menschen sie entziffern; sie geht ihren Gang, und heute ist eine andere Realität entstanden. Die meisten Bürger Israels gehören zweifellos der jüdischen Religion an, doch vor allem sind sie *Israelis*. Dieses neue Faktum wird noch nicht hinreichend wahrgenommen, und wir haben es nocht nicht genügend in unseren Überlegungen berücksichtigt. Es ist wichtig – nicht etwa, damit wir die Israelis von ihrer Religion trennen, sondern damit wir die Juden der Welt von den jüdischen Bürgern Israels unterscheiden können. Letztere ähneln übrigens recht wenig – und das sagen sie selbst – den Juden der Diaspora, ohne dass dadurch freilich die absolute Solidarität der Diasporajuden zu Israel auch nur im Geringsten litte. Daraus folgt eine Frage mit unleugbaren Konsequenzen: Wenn wir von der Tatsache ausgehen, dass für die ganz große Mehrheit der Mitglieder der jüdischen Gemeinschaften in aller Welt die Solidarität mit Israel mit einer Unterstützung dessen, was dieser Staat tut, zusammenfällt, kann man dann noch Diasporajude bleiben? Gibt es da noch Platz für Menschen wie Hannah Arendt, Walter Benjamin oder Pierre Vidal-Naquet[9]?

Das Problem mit den Menschen ist, dass sie gern glauben, wenn etwas entsteht – der Staat Israel ist erst vor gut sechzig Jahren entstanden –, so habe es dies schon seit aller Ewigkeit gegeben. Manchmal hat dieser Reflex schwerwiegende Konsequenzen. Ich muss oft an das zurückdenken, was mir mein Freund, der israe-

9 Pierre Vidal-Naquet (1930–2006) war ein bedeutender Althistoriker jüdischer Herkunft. Politisch exponierte er sich vor allem durch die Aufarbeitung der französischen Verbrechen während des Algerienkriegs.

lische Historiker Zeev Sternhell[10] einmal gesagt hat: »Vor dem Krieg von 1967 hatten wir Israelis Zisjordanien niemals als ›Judäa-Samaria‹ bezeichnet«. Ich erinnere mich auch an das, was ich einmal zu meinem Freund Pierre Vidal-Naquet gesagt habe: »Ich fürchte, Pierre, dass Menschen wie du, die sowohl Juden als auch französische Staatsbürger zu sein beanspruchen, eine aussterbende Spezies seid.«

Stéphane Hessel: Die Juden in der Welt spielen heute eine wichtigere Rolle als man denkt. Es gibt vielleicht keinen Freud oder Einstein mehr, aber es gibt noch immer überall viele Juden, oft solche, die aus Israel zurückgekehrt sind, die im Austausch mit den »Goyim[11]« ihre Lebensfreude finden, besonders in Deutschland, in Frankfurt oder München etwa. Erst dank des Zusammenlebens mit den »Goyim« erfahren sie Befriedigung durch ihre gesellschaftliche Stellung und fühlen sich in ihrer Eigenliebe bestärkt. Lassen Sie uns diese Seite der Geschichte also nicht vorschnell umblättern. Ich hatte ein wenig den Eindruck, Elias, dass Sie das wollten.

Ich glaube, dass es neben der Zukunft Israels, wie immer sie aussehen mag, auch eine Zukunft des Jüdischseins oder des Judentums – ich weiß nicht, wie Sie es nennen möchten – gibt. Es gibt keine jüdische Familie auf der Welt, die nicht von Anfang ihrer Existenz an Verbindungen zu anderen jüdischen Familien knüpfte. Es gibt ein jüdisches Netzwerk, das unabhängig von dem besteht, was in Israel passiert. Die Gefahr ist die, dass dieses Netzwerk, das wie ein kultureller Sauerteig wirken könnte, sich törichterweise mit einer israelischen Regierung identifiziert, die vollständig mit dem gebrochen hat, was einmal das Außergewöhnliche der jüdischen Welt war.

---

10 Zeev Sternhell (geb. 1935) ist ein israelischer Zeithistoriker und Politologe, der vor allem die Geschichte des Faschismus erforscht hat. Er hat an vielen Stellen gegen die israelische Siedlungspolitik Stellung ergriffen. 2008 wurde er bei einem Bombenattentat auf sein Haus in Jerusalem verletzt.

11 Nichtjuden

Elias Sanbar: Ich habe möglicherweise die Seite zu schnell umgeschlagen. Glauben Sie mir, ich wünschte, ich irrte mich, denn ich hoffe wirklich, dass Sie recht haben.

Kapitel 2

Von der Shoah zur Nakba

Farouk Mardam-Bey: *Offenkundig gibt es mehrere Versionen der Ereignisse der Jahre 1947 und 1948, die zur Gründung und dann zur Konsolidierung des Staates Israel führten und gleichzeitig zur Enteignung der Palästinenser – also zu dem, was sie und mit ihnen die Araber die* Nakba *nennen. In Europa und in den Vereinigten Staaten wird meist die offizielle israelische Version herangezogen, derzufolge die Juden Palästinas, die bescheiden den vom Sicherheitsrat der UNO am 29. November 1947 beschlossenen Teilungsplan akzeptiert hatten, unmittelbar nach der Proklamation der Staatswerdung Israels am 15. Mai 1948 durch die Armeen von fünf arabischen Staaten angegriffen wurden. Doch die Angreifer, die von den Briten unterstützt wurden, seien wie der Riese Goliath von dem kleinen David geschlagen worden. Und wenn hunderttausende Palästinenser damals Palästina verließen und sich in die Nachbarländer flüchteten, dann sei es nur deshalb dazu gekommen, weil sie von ihren Führern dazu angestachelt wurden, die ihnen eine triumphale Rückkehr in die Heimat an der Seite der mächtigen Armeen der Bruderländer versprachen.*

Nach der am besten dokumentierten palästinensischen Version dagegen hat es tatsächlich zwei Kriege gegeben. Im ersten, nach dem Beschluss des Teilungsplans und vor der Staatsproklamation, kämpften Juden und Palästinenser gegeneinander, und dieser Krieg endete mit der Vertreibung hunderttausender Palästinenser und der Erweiterung des von der UNO den Juden zugesprochenen Gebiets um ein Drittel. Der zweite Krieg wurde dagegen in der Tat am 15. Mai 1948 von fünf arabischen Staaten begonnen und endete mit einem klaren Sieg Israels. Allerdings war die israelische Armee entgegen weitverbreiteten Vorstellungen bei weitem stärker – auch, was die Mannschaftsstärke anbetrifft – als die vereinten arabischen Armeen. Und die Briten sahen keinerlei Anlass zum Eingreifen, außer nötigenfalls, um die Zukunft ihres Schützlings Abdallah von Transjordanien zu sichern. Was halten Sie von den Debatten der Historiker zu diesem Thema? Doch bevor wir zur Nakba *kommen, sollten wir für einen Moment noch einmal zur Shoa zurückkehren. Es ist wichtig zu wissen, inwieweit sie von den Palästinensern wahrgenommen wird. Was hat es mit dem Antisemitismus in der arabischen Welt und, in den letzten Jahren vor allem, mit der Leugnung des Holocaust auf sich? Es lohnt sich auch, darüber nachzudenken, welchen Gebrauch die legitimen oder illegitimen Erben der Opfer von der Hypothek des Völkermords machen.*

Elias Sanbar: Wenn wir das Thema Völkermord in Angriff nehmen wollen, so müssen wir einige notwendige Präzisierungen einführen. Sie werden die Sache klarer machen und vor allem verhindern, dass wir uns auf Nebenkriegsschauplätzen verzetteln.

Einige behaupten, die Araber könnten gar keine Antisemiten sein, weil sie selbst Semiten sind. Dieses Argument ist falsch. Nicht weil jeder Araber ein Antisemit wäre, sondern weil der Antisemitismus der Nazis in Wahrheit grundsätzlich ein antijüdischer Rassismus war. Das darf man nicht verwässern. Die Araber wiederum sind nicht dank ihrer semitischen Herkunft gegen Rassismus allgemein und gegen seine antijüdische Ausprägung im Besonderen gefeit, zumal im Israel-Palästina-Konflikt die Bezeichnungen »Araber« oder »Jude« in erster Linie im Sinne des Nationalismus und nicht der Religion benutzt werden.

Das schließt natürlich nicht aus, dass solche chauvinistischen Äußerungen sich durch den Gebrauch einer religiösen Sprache Legitimation zu verschaffen versuchen. Die verbreitete Rede, die Palästinenser seien die »Juden der Juden«, ist ebenso falsch. Die Palästinenser waren und sind noch immer die Opfer des zionistischen Projekts. Das macht aus ihnen jedoch noch nicht die »Juden der Juden«.

Die Palästinenser wurden in Palästina nicht mit dem Tode bedroht, außer wenn sie sich weigerten, ihren Platz zu räumen und ins Exil zu gehen; während der Antisemitismus der Nazis bedeutete, dass die Juden vernichtet werden sollten – ganz gleich, was sie taten oder unterließen. Sie waren zum Sterben verdammt, weil sie Juden waren. Auch wenn die Eroberung Palästinas durch die zionistische Bewegung viele Palästinenser das Leben gekostet hat und immer noch kostet, so war und bleibt das Ziel der Eroberer die Vertreibung eines Volks von seinem Land, nicht aber seine Auslöschung.

Nachdem gesagt ist, was hierzu zu sagen war, gilt es aber auch festzuhalten, dass eine konkurrierende Aufzählung von Unglücken geschmacklos ist und der Wettkampf um die größte Zahl an Toten obszön.

Jedes Leiden ist einzigartig, und die Tatsache, dass die Juden vernichtet worden sind, macht das Leiden der Palästinenser nicht geringer, ebenso wie die Tatsache, dass die Palästinenser gelitten haben und noch immer leiden, nichts von dem Schrecken nimmt, den die Juden durchlebt haben. Und vor allem: Die Anerkennung des Leids der Anderen entwertet nicht euer eigenes Leid. Im Gegenteil.

Nach diesen Klarstellungen möchte ich Ihnen gestehen, Stéphane, dass mein Lebenslauf mich nicht zum Experten für die Shoah prädestiniert hat.

Ich erinnere mich – ich ging auf eine westliche Schule, bei den Jesuiten –, dass ich das *Tagebuch der Anne Frank* lesen musste. Die Lektüre war für mich sehr schmerzlich, aber so, wie für einen Jungen, der das Unglück eines Mädchens in seinem Alter entdeckt. Was davon blieb, war – ich schäme mich heute dafür ein bisschen – eine Verachtung für die Deutschen überhaupt.

Meine ersten »Entdeckungen« machte ich erst später. Ich verdankte sie dem Kino: Bilder vom Krieg, von Massengräbern …

Stéphane Hessel: In *Nacht und Nebel*[12]?

Elias Sanbar: Zum Beispiel. Nur dass ich, als ich den Film sah, bereits ein politisierter und engagierter junger Mann war. Genaugenommen stammten die Bilder, von denen ich spreche, eher aus den Wochenschauen. Durch sie entstand bei mir das doppelte Gefühl von Empathie *und* Verständnislosigkeit. Ich war erschüttert von den Schreckensszenen, aber sie waren so weit weg von meinem eigenen Erfahrungsraum, meinem Zuhause, meiner Familie … Ich verstand nicht und vermochte erst recht nicht einzusehen, wieso Ereignisse, die sich in solcher Entfernung zugetragen hatten, rechtfertigen sollten, dass ich nach Beirut vertrieben worden war und nicht in unserem Haus in Haifa saß. Es war eine merkwürdige, verwirrende Zeit: Ich ging in eine Schule mit jüdischen Kindern und spielte in den Sommerferien mit jüdischen Kindern, und ich bin heute stolz darauf, dass ich die Dinge nie vermischt habe und nie parteiisch gegenüber diesen Spielkameraden war. Sie sprachen Arabisch wie ich, amüsierten sich mit ihren Fahrrädern wie ich, und so weiter. Später habe ich einige von ihnen in der libanesischen extremen Linken wiedergetroffen, und sie wurden meine Genossen.

Lange nachdem ich das Thema entdeckt hatte, erarbeitete ich mir auch das Wissen, und zwar im Zusammenhang mit meinem politischen Engagement. In diesen Jahren habe ich sehr viel gelesen. Ich wollte wissen, wie eine so »widerliche« Macht wie der Nationalsozialismus hatte entstehen können. Woher »kam« er? Wieso konnte er im Land von Bach, Beethoven, Rilke oder Marx entstehen? Ich muss hinzufügen, dass ich das Thema in diesen Jahren fortwährend mit Pierre Vidal-Naquet diskutiert habe, mit dem ich den Abscheu gegenüber jeder Art von Geschichtsrevisio-

12 Gemeint ist der Dokumentarfilm *Nuit et Brouillard* (*Nacht und Nebel*) von Alain Resnais mit der Musik von Hanns Eisler aus dem Jahre 1955. Er handelt von der Deportation in die Konzentrationslager der Nazis. Der Titel spielt auf den sogenannten Nacht-und-Nebel-Erlass von 1941 an, der solche Deportationen von Antifaschisten in den bestzten Ländern anordnete.

nismus teilte. Und dass ich den langen Reden eines anderen guten Freundes zuhörte, nämlich Jean-Luc Godard, der nie aufgehört hat, sich mit dieser Frage zu beschäftigen. Ich ergreife hier die Gelegenheit, zu unterstreichen, wie böswillig und unendlich dumm die von Zeit zu Zeit vorgebrachte Behauptung ist, er sei Antisemit. Kurz, ich kann heute von mir behaupten, dass ich das Thema kenne, dass ich unentwegt darüber nachdenke, dass es zum Teil meines palästinensischen Problems geworden ist, und dass ich mich den Opfern der Vernichtungslager zutiefst verbunden fühle.

Da meine Position also klar und seit langem bekannt ist, möchte ich eine Frage anschneiden, die ich mir im Laufe meiner Lektüre, meines politischen Kampfes und auch meiner Kontakte mit der gegnerischen Seite oft gestellt habe. Da die Opfer so gut wie alle tot sind, da sie vernichtet worden sind, sind es ihre Nachkommen, ihre Erben, mit denen wir diskutieren.

Stéphane Hessel: Und die Überlebenden.

Elias Sanbar: Natürlich, aber einmal abgesehen davon, dass sie nicht mehr sehr zahlreich sind, können die Überlebenden nicht mit den Erben und denen, die sich als solche bezeichnen, gleichgesetzt werden. Da also die Opfer so gut wie alle tot sind, da sie vernichtet worden sind, da die gegenwärtige Debatte vor allem mit ihren Nachkommen, ihren Erben, geführt wird, ist meine Frage folgende: Worin besteht nun das Erbe der Opfer, was erbt man, wenn man sich als ihr Nachkomme bezeichnet?

Ich gebe zu, dass ich mir diese Frage aufgrund meines eigenen Erlebens gestellt habe. Ich, das Kind eines Opfers, das eines Tages im April 1948 vertrieben wurde. Ich, der »Erbe« eines Opfers, denn mein Vater starb vor Trauer am 15. Juni 1967, als er begriff, dass er seine Heimat nie wiedersehen würde. Von *mir selbst* ausgehend, bevor ich die Frage auch für die Israelis gestellt habe, bin ich nach und nach zu dem Ergebnis gelangt – und dies ist für mich zu einer Lebensmaxime geworden –, dass die

Nachkommen der Opfer nichts als Pflichten erben. Und das sind die ererbten Verpflichtungen: Wachsamkeit, Zurückweisung von Diktatur, von Despotismus, von Ungerechtigkeit und von jeder Art Rassen- oder Nationalitätentrennung.

Dieses Vermächtnis ist das einer Ethik. Ein solches Erbe enthält kein Sonderrecht, keinen Überlegenheitsstatus gegenüber anderen, kein Monopol auf Schmerz und Leid – nichts außer Pflichten, und darin liegt seine Größe. Das Wissen um die Shoah hat mich schließlich wieder zu mir selbst gebracht. Es hat dazu geführt, dass ich mir zur festen Regel gemacht habe: Verbringe dein Leben nicht damit, dich mit deinem Lebenslauf zu brüsten, sondern verlange Recht für die, die unter der Besatzung leiden oder im Exil leben müssen.

Nun, ich ahne, welche Reaktion meine Worte auslösen werden: Sie sind ja sehr sympathisch, geradezu rührend, aber gibt es viele Palästinenser, die wie Sie denken? Darauf könnte ich antworten: Nein, aber die Israelis, die eine ähnliche Haltung haben, sind auch nicht gerade sehr zahlreich. Ich kenne jedoch zahlreiche Palästinenser, die im Laufe des Konflikts eine ähnliche Entwicklung durchlaufen haben wie ich. Ich denke zum Beispiel an Edward Said[13] und an den Dichter Mahmud Darwisch[14], um nur zwei zu nennen. Ich kenne auch zahlreiche Israelis, die sich denselben Zielen verschrieben haben, etwa Avraham Burg[15], Michel Warschawski[16], Simone Bitton[17], der israelische Historiker Amnon Raz Krakotzkin und manche andere. Außerdem ist das keine Fra-

13 Edward Said (1935–2003), palästinensisch-amerikanischer Literaturwissenschaftler und politischer Aktivist, vertrat die Ein-Staat-Idee für Palästina, weshalb er sich mit Arafats PLO überwarf. *(A.d.Ü.)*

14 Mahmud Darwisch (1941–2008) gilt als der bedeutendste moderne palästinensische Dichter. Da er zum Teil in Israel aufwuchs, war er auch ein Kenner der hebräischen Literatur. *(A.d.Ü.)*

15 Avraham Burg (geb. 1955) ist ein israelischer Autor und ehemaliger hochrangiger Politiker. Er fordert den Rückzug aus den besetzten Gebieten. *(A.d.Ü.)*

16 Michel Warschawski, geboren 1949, ist ein israelischer Friedensaktivist und Publizist. Er tritt für einen binationalen Staat ein. *(A.d.Ü.)*

17 Simone Bitton (geb. 1955 in Marokko) ist eine bekannte französisch-israelische Dokumentarfilmerin. Sie bezeichnet sich selbst als arabische Jüdin. *(A.d.Ü.)*

ge der Statistik – des Prozentsatzes, den diese Menschen in ihrer Gesellschaft repräsentieren; es ist vielmehr so, dass solche Haltungen, die sich gegen den Strom stemmen, zuerst immer nur von einzelnen Individuen und Gruppen am Rande der Gesellschaft vertreten werden. Deshalb tragen diese eine schwere Verantwortung, und ihre Aufgabe ist nicht leicht, aber wirklich bedeutend. Ich sage dies sehr bewusst, denn für mich ist meine Einstellung zur Frage des »Erbes« von grundlegender Bedeutung für mein Engagement. Sie ist das Ergebnis eines langen Kampfes, der als nationaler Patriotismus begonnen hat und nun nichts mehr ist als die Suche nach Recht.

Wenn Gleichheit, Gerechtigkeit und Recht sich vereinen, werden die Palästinenser, das weiß ich heute, mit großen Schritten ihren Feinden von gestern entgegenkommen. Und ich weiß, dass dasselbe auf der anderen Seite der Mauer geschehen wird, wenn die Israelis einsehen, dass die Geschichte Israels nicht die Fortsetzung der Shoah ist, trotz der Narben, die diese hinterlassen hat. Und wenn sie einsehen, dass die Existenz ihres Staates niemals durch die Überlegenheit ihrer Waffen garantiert werden kann, sondern allein dadurch, dass sie akzeptieren, dass die Palästinenser mit ihrer ganz anderen Geschichte ihresgleichen sind, ihre Menschenbrüder.

Ich bin ebenfalls davon überzeugt – was die Palästinenser betrifft, so weiß ich, wovon ich rede –, dass meine Landsleute, die, wie sollte es auch anders sein, tiefe Feindschaft gegenüber denen empfinden, die sie für die Urheber ihres Unglücks halten, dennoch keinen Hass gegen diese hegen. Niemand wird mir das heute glauben, doch eines Tages wird es sich als wahr erweisen. Manche mögen dies für einen naiven Optimismus halten, doch den Beweis dafür haben die wenigen Monate nach dem Friedensabkommen von Oslo geliefert, als im Januar 1994 die ersten palästinensischen Wahlen stattfanden. Ich selbst war damals vor Ort. Die Situation war auf beiden Seiten ruhig, und während die Palästinenser begeistert waren, endlich ihre Rechte ausüben und ihre Vertreter wählen zu können, herrschte auf beiden Seiten eine wunderbare Heiterkeit. So, als merkten die Menschen auf beiden Seiten, der der Palästinenser wie der der Israelis, dass Normalität in ihrem Alltagsleben möglich war. In diesen Tagen zeigte die Wirklichkeit, dass es ein Heilmittel gibt gegen die Angst, dieses Gift, das in Israel dauernd wirkt. Die Tötung eines gesuchten palästinensischen Kämpfers durch die israelischen Sicherheitskräfte und neue Attentate, die auf dem Fuße folgten, machten beide Völker wieder zu den traurigen Gefangenen eines endlosen Konflikts.

Stéphane Hessel: Die Juden waren schon immer von der Angst besessen, dass ihr Verschwinden vorprogrammiert sei, das ist Teil ihrer Religion. In der Vorstellungswelt der Juden spielt die Idee der Erlösung eine fundamentale Rolle. Wir sind die Auserwählten Gottes, aber unser Gott weiß, dass wir leider weder so gut noch so gläubig sind, wie wir sein sollten, und er wird uns vom Erdboden vertilgen, am Tag der Ankunft des Messias. Mit der Ankunft des Messias werden die Menschen verschwinden, weil sie keinen Grund mehr haben, auf Erden zu verweilen, sondern in den Himmel aufgenommen werden.

Die Grundlage der jüdischen Vorstellungswelt ist die Idee, dass alles, was uns zustößt, einen historisch-religiösen Grund hat, nämlich, dass wir anders sind als alle anderen. Es gibt alle möglichen Arten von Menschen, zum Beispiel Christen und Muslime, und man kann natürlich Beziehungen zu ihnen haben, doch was mit uns geschieht, ist bezeichnenderweise etwas anderes. Aus diesem Grunde müssen wir uns gegen alle verteidigen, die keine Juden sind. Es gibt Juden und solche, die keine sind. Daraus folgt, dass für die Juden Antisemitismus eine ganz »natürliche« Erfahrung ist. Die Juden glauben, dass die anderen sie niemals werden wirklich lieben können, weil sie es sind, die eine ganz besondere Beziehung zu Gott haben. Sie machen keine Proselyten und versuchen niemanden zu ihrem Glauben zu bekehren – das spielt für sie keine Rolle. Dasselbe Weltbild findet sich im politischen Zionismus wieder: Die Juden haben ihre Einzigartigkeit zu verteidigen und sich dort, wo sie jetzt sind, festzusetzen, egal, ob dies auf Kosten der Palästinenser geschieht und ob diese vertrieben oder misshandelt werden.

Und so gelangen wir wieder zu dem, wovon Sie berichtet haben, Elias, zu den Kolonisierten. Wenn man zu den Israelis sagt: »Jüdischer Staat, was soll das heißen? Ihr seid ein Staat wie andere, überdies einer, der demokratisch sein will, also müsst ihr alle aufnehmen, die mit euch leben, alle Männer und Frauen, die guten Willens sind«, so antworten sie: »Es ist vor allem ein jüdischer Staat, und wir müssen ihn mit allen Mitteln verteidigen.« Es ist diese jüdische Vorstellung von Einzigartigkeit, die die, wie ich glaube, verhängnisvolle Entwicklung des Staates Israel erklärt.

Wenn irgendein Volk, sagen wir die Pakistanis, dereinst beschlossen hätte, in Afghanistan zu siedeln, was wäre dann wohl geschehen? Dieses Volk hätte gewiss den afghanischen Stämmen unrecht getan, aber mit der Zeit wären die Afghanen zu Pakistanis geworden oder umgekehrt die Pakistanis zu Afghanen; jedenfalls hätte es keine deutliche Trennung mehr zwischen beiden Völkern gegeben. Eine solche Vermischung von Bevölkerungen ist für Israelis und – sprechen wir es aus – für Juden unvorstellbar. Sie können unmöglich zugeben, dass andere mit ihnen dieses ganz wesentliche Etwas teilen könnten, das sie exklusiv zu besitzen meinen.

Elias Sanbar: Was Sie beschreiben, ist in der Tat etwas Einzigartiges, aber auch ein Einzelfall: eine Form von jüdischem Humanismus, die sich trotz der Verfolgungen über die Jahrhunderte ausgebildet hat. Ich glaube aber nicht, dass sich im Zionismus, der zuallererst eine Ideologie des sicheren Hafens, die Suche nach einem Schutzort gegen den Antisemitismus war, diese Einzigartigkeit fortgesetzt hat oder fortsetzt. Daran ändert nichts, dass diese Ziele des Zionismus unvermeidlich waren, zumal nach der Barbarei während des Zweiten Weltkriegs. Tatsächlich hat der Zionismus eine andere Besonderheit entstehen lassen, nämlich eine zutiefst kriegerische.

Stéphane Hessel: Und geographische.

Elias Sanbar: Jawohl, eine geographische, denn er hat die bis dahin einzigartige, nämlich diasporische jüdische Identität an ein Territorium gebunden.

In diesem Punkt geben mir jüdische Gesprächspartner oft recht, doch sie fügen hinzu, dass dies immerhin die Juden vor ihrer dauernden Verfolgung geschützt und ihnen endlich Sicherheit gegeben habe.

Das ist in gewisser Weise wahr, auch wenn diese Sicherheit auf Kosten eines anderen Volkes erkauft worden ist. Jedenfalls, wie man die Geschichte auch dreht und wendet: Die Frage, die sich heute stellt, und zwar in Hinblick auf die Zukunft, ist die, wie man die Israelis davon überzeugen kann, dass sie im Frieden und in Sicherheit, dort im Nahen Osten, leben können, auch wenn sie nicht mehr als Besatzer auftreten.

Stéphane Hessel: Wir haben schon kurz Walter Benjamin erwähnt. Er hat sehr genau gespürt, dass die Geschichte in ihrem Voranschreiten immer dem Ärmsten Unrecht tut. Das Proletariat bringt die Geschichte voran durch sein Leiden. Je mehr das Proletariat leidet, desto weiter schreitet die Geschichte voran. Benjamin hat den Zionismus immer abgelehnt, weil er die Juden davon abbrachte, eins mit dem Proletariat zu sein.

Elias Sanbar: Walter Benjamin ist eine Persönlichkeit, die mir sehr am Herzen liegt. Aus einem Ihrer Bücher habe ich erfahren, dass Sie ihn 1940, vor seinem Selbstmord, in einem Hotel in Marseille getroffen haben.

Können Sie mir ein paar Worte über diese Begegnung sagen? In welchem Zustand war er? Ich frage Sie dies, entschuldigen Sie bitte, ein bisschen so, als handle es sich um ein Mitglied meiner Familie, das verschwunden ist, ohne eine Nachricht zu hinterlassen.

Stéphane Hessel: Wir waren absolut nicht im selben Seelenzustand, als ich ihm das letzte Mal begegnete. Ich war als französischer Armeeangehöriger gerade demobilisiert worden und wollte mich nun General de Gaulle anschließen. Ich hatte bereits gute Beziehungen zu Varian Fry und war mir sicher, dass er mir helfen würde, nach London zu gelangen. Trotz aller augenblicklichen Schwierigkeiten war ich von dieser Aussicht begeistert, und ich sagte mir, dass sich alles ändern und meine Ideen am Ende siegen müssten.

Benjamin gegenüber war ich also der junge Mann, der seinen Mut beweisen wollte. Er wiederum war überhaupt nicht alt, er war achtundvierzig, doch er war erheblich älter als ich, und er sprach zu mir in einer Sprache, die ich sehr wohl verstand, gegen die ich mich aber mit aller Kraft auflehnte. Er sagte zu mir: »Wir befinden uns im Nadir[18] (ein Wort, das ich noch heute gern gebrauche) der Demokratie.« Es war der August 1940, ein besonders düsterer geschichtlicher Augenblick. Sowjetrussland hatte mit Hitler einen Pakt geschlossen[19], die Amerikaner wollten sich nicht engagieren, und die Franzosen waren besiegt. Er war sehr niedergeschlagen: »Selbst wenn ich von hier wegkomme zur New School for Social Research in New York in Amerika, so verstehen mich meine Freunde dort doch nicht ... Max Horkheimer und Theodor Adorno schicken mir meine Briefe zurück und finden, dass ich zu negativ bin, und alles werde sich ändern ... Natürlich werde ich versuchen, mich zu verteidigen, aber ich habe nur eine minimale Chance, dass meine Ideen Anklang finden.«

Ich wollte ihm Mut machen: »Aber Walter, sagen Sie doch nicht so etwas, Sie haben so viel zu unserer Sache beizutragen, seien Sie guten Mutes. Sie werden sehen, Sie machen einen Fehler, wenn Sie mit Fry keinen Kontakt aufnehmen. Er hat gute Verbindungen und kann Sie hier herausbringen.« Er antwortete mir:

18 Das arabische Wort Nadir bezeichnet den tiefsten Punkt einer Kurve, einer Entwicklung.

19 Der Hitler-Stalin-Pakt vom 23. Augst 1939 war ein deutsch-sowjetischer auf 10 Jahre befristeter Nichtsangriffspakt mit einem geheimen Zusatzprotokoll, in dem die zwischen beiden Staaten liegenden Länder aufgeteilt werden. Mit dem Überfall der Wehrmacht am 22. Juni 1941 auf die Sowjetunion war der Vertrag gebrochen.

»Nein, nein, ich vertraue ganz Lisa Fittko[20].« Seine Verzweiflung kam nicht von der Angst vor dem Tod; sie war vielmehr eine intellektuelle Verzweiflung, die Angst, dass alles verschwand, was ihm lieb war: Demokratie, Gedankenfreiheit … Unglücklicherweise ist diese Verzweiflung, diese Depression, das, was mir von Walter Benjamin im Gedächtnis geblieben ist, wo ich ihn doch früher, bei vielen Begegnungen bei uns zuhause, als lustig, unterhaltend und immer sehr aufmerksam für die Spiele der Kinder kennengelernt hatte. Im Jahre 1940 war er leider nicht mehr derselbe. Das macht verständlich, wieso er sich in Port-Bou den Tod gegeben hat, körperlich erschöpft und voller Angst, an der spanischen Grenze zurückgewiesen zu werden und in die Hände der Gestapo zu fallen.

Elias Sanbar: Die traurige Tatsache seines Selbstmords – war das nicht auch die Ankündigung, dass die Verhältnisse für einen Diasporajuden wie ihn unerträglich wurden? Sein Selbstmord könnte nicht nur für seine Weigerung stehen, die Grenze zu überschreiten, die ihn von einem Leben in Sicherheit trennte, sondern auch die Trennlinie zwischen *seiner* Welt und einer neuen sein?

Stéphane Hessel: Ich glaube, er hoffte, die Grenze überschreiten zu können, aber der Augenblick war nicht glücklich. Wir wissen inzwischen, dass er durchgekommen wäre, wenn er die Gelegenheit zwei Tage früher oder drei Wochen später ergriffen hätte. Der Zufall wollte, dass er just zu einem Zeitpunkt an der spanischen Grenze ankam, als die Spanier beschlossen, alle diejenigen zurückzuweisen, die zuerst bei ihnen und nicht bei anderen Staaten Schutz suchten. Benjamin wollte sich in den Vereinigten Staaten niederlassen. Die waren damals kein besonders judenfreundliches Land, aber immerhin ein demokratisches.

---

20 Lisa Fittko (1909–2005) war eine österreichische Widerstandskämpferin und Fluchthelferin über die Pyrenäen zwischen Frankreich und Spanien. Sie war 1933 nach Frankreich geflohen, und nach dem deutschen Einmarsch gelang ihr die Flucht aus dem Internierungslager ins nichtbesetzte Frankreich.

Elias Sanbar: Ich glaube – aber vielleicht ist dies nur eine Lesart, die mir persönlich passt –, dass Benjamin ein früher Europäer und darüber hinaus ein jüdischer Kosmopolit war, und dass Amerika, wo er dem Tod zweifellos entgangen wäre, dieses Universum für ihn nicht hätte ersetzen können. Mehr noch: Ich glaube wirklich, dass er diese Linie – leider – nicht überschreiten konnte. Niemand wird uns sagen können, was wirklich geschehen ist. Natürlich kenne ich die wenigen Zeugenaussagen über seine letzten Stunden. Sie bestehen darauf, dass ihn eine panische Angst und Verzweiflung ergriffen hatten. Aber niemand wird uns jemals sagen können, ob es nicht auch um die Unfähigkeit ging, eine untergehende Welt zu verlassen. Für mich bezeichnet der Selbstmord Walter Benjamins das Ende einer Welt. Doch bestimmt finden Sie, Stéphane, dass ich schon wieder einmal zu forsch voranschreite.

Stéphane Hessel: Man kann keine allgemeinen Schlussfolgerungen aus dem ganz besonderen Fall von Walter Benjamin ziehen. Er ist nicht repräsentativ für den Humanismus dieser Zeit, nicht einmal für die deutsch-jüdische Welt. Gershom Scholem[21] ist da viel typischer. Die Tatsache, dass Scholem es nicht geschafft hat, Benjamin davon zu überzeugen, dass er nach Palästina gehen sollte, ist bezeichnend für den Widerstand gegen den Zionismus bei den Juden, und besonders bei den deutschen. Sie wollten weiter Deutsche bleiben. Benjamin sagte uns: »Wir werden uns nicht der Herrschaft der Nazis unterwerfen«, und Scholem antwortete: »Pass auf, das wird sehr böse für dich enden!«. Doch Benjamin war überhaupt kein traditioneller Jude, er hatte nichts mit der religiösen Kultur der Juden gemein. Und auch der politische Zionismus reizte ihn nicht. Wer sind die Juden, die sich

21 Gershom Scholem (1897–1982), der gebürtige Berliner, der erkannt hatte, dass die Assimilation der Juden in Deutschland misslungen war, wanderte 1923 nach Palästina aus. Der Religionshistoriker hatte ab 1933 einen Lehrstuhl an der Hebräischen Universität Jerusalem und war um eine Verständigung zwischen Juden und Arabern in Palästina bemüht. *(A.d.Ü.)*

vom Zionismus haben überzeugen lassen, und wer sind die, die sich gegen ihn gewandt haben, weil sie weiterhin der Sauerteig in der Kultur der Welt sein wollten? Wir kennen diese Menschen, angefangen mit Sigmund Freud und Henri Bergson bis hin etwa zu Edgar Morin[22]. Sie sind zahlreicher, als man denkt.

Elias Sanbar: Wir können jetzt an den Krieg 1947–1948 erinnern. Ich sage 1947–1948, weil es damals in Wahrheit entgegen der herrschenden Meinung zwei Kriege und nicht nur einen einzigen gegeben hat. Im Krieg von 1948, der die Proklamation des Staates Israel *und* das Verschwinden Palästinas besiegelte, trafen vom 15. Mai die Streitkräfte Ben Gurions und die regulären Armeen der arabischen Staaten aufeinander. Diesem Krieg ging zwischen dem Teilungsplan von November 1947 und dem 14. Mai 1948 ein erster Krieg voraus, dessen Ergebnis die *Nakba* war, die Katastrophe der Vertreibung der Palästinenser aus ihrer angestammten Lebenswelt sowie der Anschluss Zisjordaniens an das neu entstehende Königreich Jordanien und des Gazastreifens an Ägypten.

Dieser Krieg ist stets verschwiegen worden, denn das erlaubte, auch die Vertreibung meiner Landsleute zu verschweigen, die, wenn sie mit dem zweiten Krieg in Zusammenhang gebracht wurde, sich als bloßer Unfall der Geschichte darstellte, als Folge des Kriegseintritts der arabischen Armeen.

Über diesen Krieg müssen wir vor allem reden, denn mit ihm beginnt das palästinensische Exil. Er begann unmittelbar nach der Teilungsempfehlung der UNO am 29. November 1947. Ich möchte nicht auf die einzelnen Phasen und Etappen dieses Krieges eingehen und auch nicht die endlose Debatte über die israelische Beteuerung wieder aufnehmen, das palästinensische Volk habe 1948 aus gänzlich freien Stücken sein Land verlassen – vor

22 Edgar Morin (geb. 1921 in Paris) ist ein französischer Philosoph, der einer sephardisch-jüdischen Familie aus Tessaloniki entstammt und eine aktive Rolle in der Résistance spielte. *(A.d.Ü.)*

allem nachdem arabische Könige und Führer es dazu aufgerufen hätten. Diese Debatte kann als so gut wie beendet gelten, seit die »Neuen Historiker[23]« Israels bestätigen, was eine Vielzahl palästinensischer Studien und Zeugnisse schon lange festgehalten haben.

Ich möchte hier vielmehr von dem ausgehen, was mir die schwerwiegendste Folge des Geschehens dieser Jahre zu sein scheint; sie lässt sich in wenigen Worten ausdrücken: Am Vorabend des 15. Mai 1948, an dem der zweite Palästinakrieg und erste israelisch-arabische Krieg ausbrach, gab es in Palästina so gut wie keine Palästinenser mehr. Die Zahlen sprechen für sich. Von den 1,4 Millionen Palästinensern, die in Palästina gelebt hatten, waren beinahe 840 000 geflohen, weitere knapp 450 000 lebten »mit Leib, Gütern und Land« in Zisjordanien, in Ostjerusalem und im von Palästina abgetrennten Gazastreifen, 110 000 schließlich, die der Vertreibung entgangen waren, wachten am Morgen des 15. Mai in Israel auf, ohne sich von zuhause fortbewegt zu haben ...

Dies alles bedeutet, dass Palästina in dem Augenblick, als Israel auftauchte, verschwunden ist. Und darin besteht der radikale Unterschied zwischen der Nakba von 1948 und der sozusagen eher »klassischen« Besetzung der Palästinensergebiete im Juni 1967: Die Palästinenser der »Gebiete« unterliegen der »Besatzung«, während die Opfer der Vertreibung verschwunden waren. Ihre Existenz wurde von da an geleugnet; man erkannte ihnen sogar den Namen »Palästinenser« ab, und man versuchte sie auf einem beängstigenden Territorium einzuschließen – auf dem der Abwesenheit. Dieses meinen Landsleuten zugedachte Schicksal verdeutlicht im Umkehrschluss die absolute Einzigartigkeit der Eroberung Palästinas während der ersten Hälfte des zwanzigsten Jahrhunderts.

---

23 Als »Neue Historiker« Israels werden die jüngeren Geschichtswissenschaftler bezeichnet, die nachgewiesen haben, dass die israelischen Gründungsmythen vom freiwilligen Abzug der Palästinenser aus dem späteren Israel oder dem heldenhaften Kampf der kleinen israelischen Armee gegen eine gewaltige arabische Streitmacht nicht zu halten sind. In der politischen Bewertung ihrer Forschungsergebnisse haben die »Neuen Historiker« allerdings durchaus unterschiedliche Ansichten. *(A.d.Ü.)*

Im Unterschied zu den autochthonen Völkern anderer Kolonien war es das Schicksal der Palästinenser, zu Abwesenden zu werden. Diese Abwesenden erlebten nun den Verlust ihres Landes wie einen Weltuntergang. Von damals an verlief das Leben der Palästinenser in unterschiedlichen Bahnen. Physisch zersplittert, sollte die Gesellschaft in drei grundverschiedenen Realitäten leben: dem Verschwundensein der Flüchtlinge, der klassischen Besatzung in Zisjordanien und Gaza, und dem Status als Bürger zweiter Klasse derjenigen, die dort geblieben waren, wo Israel entstand. Diese unterschiedlichen Realitäten führten zu unterschiedlichen Wahrnehmungen von Zeit, Dauer und Territorium.

Stéphane Hessel: Dies ist eine Zeit, die ich viel weniger gut kenne als Sie. Ich befand mich damals in New York bei der UNO, und ich stand Ralph Bunche, dem Vermittler, sehr nahe und ebenfalls Brian Urquhart[24], der sehr interessant über diese Periode geschrieben hat.

Natürlich beschäftigte mich die Zukunft Palästinas nach dem Abzug der Briten sehr, doch wie meine Kollegen vertraute ich Bunche ganz und gar. Man muss von diesem Mann sprechen, weil er eine sehr wichtige Rolle gespielt hat, denn er musste schließlich die Verantwortung auf sich nehmen, die künftigen Teilungslinien festzulegen. Es sollte einen jüdischen Staat, einen arabischen Staat und ein besonderes internationales Statut für Jerusalem und andere heilige Stätten geben. Wir wussten, dass es niemals eine international zustimmungsfähige Lösung geben würde, wenn es nicht zuvor eine Verständigung über Jerusalem gab. Die Christen waren in diesem Punkt sehr aktiv geworden.

Der Teilungsplan, den Ralph Bunche dann als Resolution des Sicherheitsrats im November 1947 durchsetzte, erschien uns als sehr gut durchdacht und wahrscheinlich das Beste, was zu erreichen war. Wir wussten sehr genau, dass die Juden ein hinlänglich

---

24 Sir Brian Urquhart (geb. 1919) ist ein britischer Diplomat, früherer Under-Secretary-General der Vereinten Nationen. Neben seiner Autobiographie hat er auch Biographien über Ralph Bunche und Dag Hammarskjöld geschrieben.

großes Gebiet brauchten, um dort die für alle Juden der Welt offene Heimstätte zu errichten, von der man seit Balfour sprach. Ihnen etwas mehr als die Hälfte des Mandatsgebiets Palästina zu überlassen, war nach unserer Meinung in Ordnung. Schwieriger war es zu entscheiden, welche Hälfte. In den Gebieten, die den palästinensischen Arabern zugesprochenen waren, genauer gesagt in Zisjordanien, lagen für die religiösen Juden sehr wichtige Orte, Hebron zum Beispiel oder Jericho. Doch Bunche hatte gut verstanden, dass die Zionisten keine religiösen Fundamentalisten waren und sich deshalb mehr für Küstenregionen interessierten, von denen die industrielle und landwirtschaftliche Erschließung ausgehen konnte. Ihr Pech, wenn sie nicht auch noch den einen oder anderen biblischen Ort vereinnahmen konnten.

Was die Araber anbetraf, so verstanden wir nicht, weshalb sie sich nicht mit den immerhin 45% des Mandatsgebiets Palästina zufrieden geben wollten, die man ihnen überlassen hatte. Wir kannten nicht alle diese Ereignisse, von denen Sie, Elias, gesprochen haben, wir hatten keine sehr klare Vorstellung von den Kräften, die im Spiel waren, und unterschieden, wie ich bereits gesagt habe, nicht zwischen den Palästinensern mit ihren eigenen nationalen Rechten und den anderen Arabern.

Und wenn wir eher mit den Juden sympathisierten, so auch deshalb, weil wir glaubten, dass die arabischen Staaten ihnen militärisch weit überlegen seien, voran das große Ägypten und Transjordanien, dessen Armee die Briten aufgestellt und ausgebildet hatten. Und welche Vorstellung hatten wir damals von der jüdischen Armee, der Hagana? Dass sie Widerstand geleistet hatte gegen die britische Armee. Und nach der Staatsgründung im Mai 1948 war es, so fanden wir, normal und legitim, dass sie die jüdische Bevölkerung gegen fünf vereint kämpfende arabische Armeen zu verteidigen suchte. Kurz, wir waren davon überzeugt, dass die Israelis sehr wohl die 55% verdient hatten, die ihnen die UNO zugesprochen hatte, und dass sie sich um der Existenzfähigkeit eines jüdischen Staates willen nicht mit weniger zufriedengeben konnten. Der Gedanke, dass die Palästinenser gerade ein Gebiet verloren, in dem sie zuhause waren, kam uns einfach nicht. Die Vorstellung, dass es um ein Land ohne Volk für ein Volk ohne Land ging, war gängig; zwar gab es da Vorbehalte und Nuancierungen, aber die Vorstellung wurde nie entschieden zurückgewiesen.

Gegenüber den Palästinensern urteilten wir dagegen, ich gebe es zu, sehr streng. Wir dachten, diejenigen, die das Land Richtung Libanon oder anderswohin verließen, seien reiche Grundbesitzer, die ihre Ländereien an Juden verkauft hatten. Doch trotz unserer allgemeinen Sympathie für die Juden fanden wir es gefährlich, dass Israel sein Territorium über die von der UNO zugestandenen 55% hinaus erweitern wollte.

Elias Sanbar: Es ist wahr – die herrschende Meinung war die, die Sie beschrieben haben, das heißt: Die Palästinenser erleben nur die Folgen ihrer verhängnisvollen Entscheidung, die Teilung abzulehnen, die Araber wiederum legen einen unglaublichen Chauvinismus an den Tag, wenn sie den jüdischen Opfern nicht einen winzigen Teil ihrer riesigen Länder abtreten wollen. Doch davon abgesehen – haben Sie eigentlich die Kriegshandlungen selbst verfolgt, die erzwungene Wanderung der palästinensischen Zivilbevölkerung zu den Grenzen? Hat die Tatsache Sie damals nicht umgetrieben, dass ein Volk seine Heimat nicht so einfach verlieren darf?

Stéphane Hessel: Nein, und nicht nur, weil wir weit weg, in New York, waren. Was uns am meisten beschäftigte, war, den von den fünf ständigen Mitgliedern des Sicherheitsrats der Vereinten Nationen einstimmig gefassten Teilungsbeschluss durchzusetzen. Dieser Beschluss war, so fanden wir, legitim und so vernünftig wie möglich, denn er war das Ergebnis der von Ralph Bunche bewundernswert geführten Verhandlungen. Wir vertrauten den Vereinten Nationen, und wir konnten uns unmöglich an die Seite derer stellen, die sich gegen das stellten, was wir für Völkerrecht hielten – ein Völkerrecht, das es nach den Erfahrungen der vergangenen Jahrzehnte um jeden Preis zu verteidigen galt. Unsere Haltung gegenüber der israelischen Regierung wurde erst feindselig, als diese sich eines sehr viel größeren Gebiets bemächtigte als dem, das die Vereinten Nationen Israel zugestanden hatten.

Im Jahr 1948 begann der Kalte Krieg, begannen die Ost-West-Spannungen. Deshalb habe ich betont, dass es alle fünf ständigen Mitglieder des Sicherheitsrats waren, die für den Teilungsplan votiert haben. Wir waren glücklich darüber, dass Amerikaner und Sowjets gemeinsam abgestimmt hatten, und wir hofften, dass sie dies auch noch bei anderen Gelegenheiten tun würden. Vergessen wir nicht, dass die Allgemeine Menschenrechtserklärung erst am 10. Dezember 1948 verabschiedet wurde, also sechs Monate nach der Gründung des Staates Israel, was zum Teil der Stimmenthaltung der Sowjetunion zu verdanken war, die ja auch dagegen hätte stimmen können. Wir, das heißt zumindest ich und die Menschen, die wie ich dachten, also etwa Alexandre Parodi, der französische UNO-Botschafter, oder René Cassin[25] – wir waren davon überzeugt, dass die von allen fünf ständigen Mitgliedern getroffene Vereinbarung um jeden Preis aufrechterhalten werden musste und niemals in Frage gestellt werden durfte.

Mit ihrer Zurückweisung des Beschlusses begaben sich die Araber ins Abseits. Die Misshelligkeiten, unter denen die Palästinenser litten, erschienen uns zweitrangig. Wir kannten sie nicht. Wir wussten allerhand über Jordanien, das nun auch das Westufer des Jordan, die West Bank, kontrollieren sollte, also Zisjordanien. Und wir wussten allerhand über Ägypten, dem der Gazastreifen

25 René Samuel Cassin (1887–1976) war ein französicher Jurist, Diplomat und Politiker. 1940 ging er mit de Gaulle nach London und spielte eine wichtige Rolle beim Aufbau der Streitkräfte des Freien Frankreich. Nach dem Krieg war er einer der Initiatoren der Allgemeinen Menschenrechtserklärung der UNO, die er zum großen Teil selbst verfasste. Von 1959–1965 war er Vizepräsident, danach bis 1968 Präsident des Europäischen Gerichtshofs für Menschenrechte. 1968 wurde ihm für seinen Einsatz für die Menschenrechte der Friedensnobelpreis und der Menschenrechtspreis der Vereinten Nationen zuerkannt. *(A.d.Ü.)*

übergeben werden sollte. Aber wir wussten nichts von einem palästinensischen Volk, einem Volk, das nie einen Staat hatte, da Palästina zum osmanischen Reich gehört hatte und dann vom Völkerbund unter britische Verwaltung gestellt worden war.

Nach der Shoah hatten die Juden einen Staat verdient, die Vereinten Nationen hatten ihnen einen zugewiesen, und nun mussten sie eine Anzahl Menschen hinauskomplimentieren, damit sie sich dort niederlassen konnten. Diese Leute waren dort zwar zuhause, aber sie konnten leicht irgendwo in der riesigen muslimischen Welt Unterschlupf finden, nun ja, das war ihre Sache, wir hatten nichts damit zu tun.

Elias Sanbar: Was war die Haltung Frankreichs, die Sie, wenn Sie erlauben, »aus der Nähe« kannten? Bei der UNO kamen zwei verschiedene Botschaften aus Paris an. Der Quai d'Orsay, das Außenministerium, ließ im Grunde verlauten: Achtung, wir Franzosen sind auch eine muslimische Macht. Wenn wir dem Teilungsplan zustimmen, wenn wir uns verhalten, wie die zionistische Bewegung es will, werden wir Ärger in den Ländern des Maghreb bekommen. Wir dürfen nicht vergessen, dass die politischen Schwergewichte im Maghreb wie Bourguiba[26], Abdelkrim[27] und sogar Ferhat Abbas[28], der sich damals in Kairo aufhielt, mit Sendschreiben an den Quai d'Orsay Druck auf Frankreich ausübten, nicht für den Teilungsplan zu stimmen. Andere Politiker, voran Léon Blum[29], waren entschieden der

---

26 Habib Bourguiba (1903–2000) war Führer der tunesischen Unabhängigkeitsbewegung, bevor er 1957 der erste Präsident der Republik Tunesien wurde. *(A.d.Ü.)*

27 Mohamed ben Abdelkrim (1886–1985) führte während des Rifkriegs 1921 die Unabhängigkeitsbewegung in Marokko gegen Frankreich und Spanien an. Er wurde dadurch weltweit zu einer Ikone der antikolonialistischen Unabhängigkeitsbewegungen.

28 Ferhat Abbas (1899–1985) war ein Führer der algerischen Unabhängigkeitsbewegung, Mitbegründer der Befreiungsfront FLN, Chef der Exilregierung und nach der Unabhängigkeit Präsident der Nationalversammlung. 1964 wurde er politisch kaltgestellt. *(A.d.Ü.)*

29 Der Sozialist Léon Blum (1872–1950) war einer der wichtigsten französischen Politiker in der ersten Hälfte des 20. Jahrhunderts. Durch den Wahlsieg der Volksfront 1936 wurde er der erste sozialistische Ministerpräsident Frankreichs. 1943 wurde er nach Buchenwald deportiert. Ende 1946 wurde er nocheinmal für kurze Zeit Ministerpräsident. *(A.d.Ü.)*

Meinung, dass ein Nachgeben gegenüber dem Druck aus dem Maghreb zu Revolten dort führen werde, denn, so hieß es, »wenn wir nicht für die Teilungsempfehlung stimmen, werden sie sagen, dass Frankreich zu schwach ist, um ihrem Druck zu widerstehen, und werden weiter gehen«. Léon Blum hat gegen den Quai d'Orsay gewonnen. Manche Historiker behaupten, dass im Quai d'Orsay seit dieser Zeit eine pro-arabische Stimmung vorherrscht. Die Israelis versäumen nie, an diesen »Ruf« zu erinnern, wann immer ihnen die französische Außenpolitik nicht gefällt.

Stéphane Hessel: Die französische Position war eindeutig: Als ständiges Mitglied des Sicherheitsrats hat Frankreich für den Teilungsbeschluss gestimmt. Dies war die Position der Regierung, des Präsidenten und des Außenministers. Ich erinnere mich noch, wie Alexandre Parodi Depeschen nach Paris schickte, in denen er auf der Notwendigkeit bestand, den Plan zu unterstützen. Zur selben Zeit beobachteten die Franzosen aufmerksam die Haltung der Maghrebiner, die wie alle Araber der Teilung feindlich gegenüberstanden, und versuchten auf ihre Befindlichkeiten einzugehen. Daraus folgte, dass Frankreich sich allen Forderungen der zionistischen Bewegung nach mehr als 55% des Mandatsgebiets Palästina widersetzen würde.

Der Zionismus hat im Außenministerium nie Verbündete gehabt. Natürlich war man dort für die Existenz Israels in den von der UNO gezogenen Grenzen, aber gegen alle weiteren Gebietsansprüche. Ich glaube, dies hat sich erst mit dem Aufstand in Algerien zu ändern begonnen, an dem die arabisch-nationalistische Propaganda aus Kairo schuld sein sollte. Damals hat die französische Regierung, um Algerien für Frankreich zu retten, Nasser für vogelfrei erklärt und gegen ihn mit Israel eine Allianz geschmiedet. Die Nationalisierung des Suezkanals durch Ägypten 1956 gab den Franzosen dann den Vorwand, im Bündnis mit Israel, das damals den Sinai besetzte, Ägypten anzugreifen.

Ich konnte seinerzeit das Geschehen im vorderen Orient aus nächster Nähe beobachten. Ich blieb bis 1950 in New York, und nachdem ich 1951 nach Frankreich zurückgekehrt war, habe ich mich für vier Jahre im Quai d'Orsay mit den Beziehungen Frankreichs zu den Vereinten Nationen befasst, vor allem in Bezug auf die Menschenrechte. 1954 berief Pierre Mendès-France mich in sein Kabinett. Danach wurde ich nach Vietnam geschickt, und 1956 befand ich mich in Saigon. Nach dem, was ich in den Zeitungen über den Nahostkrieg von 1956 las, war dies eine idiotische Operation. Mendès-France selbst hatte sich als ihr Gegner geäußert. Ich muss allerdings sagen, dass mich das, was sich zur selben Zeit, Oktober-November 1956, in Ungarn abspielte, während des Aufstands in Budapest und der blutigen Intervention der sowjetischen Truppen, mehr beunruhigte. Ich fand, dass wir im Nahen Osten schlechte Karten hatten und dass wir auch zu schwach waren, um die Ungarn in Osteuropa zu unterstützen.

Der Apparat des Quai d'Orsay befürwortete keineswegs die Suez-Operation. Es gab da eine alte Tradition der Freundschaft mit der arabischen Welt, hinter der vielleicht noch mehr steckte als unser Wunsch, unsere Kolonien und Protektorate zu verteidigen. Unter uns gab es auch bedeutende Orientalisten wie Louis Massignon und Jacques Berque, die die Gefühle der Araber, ihre Hoffnungen und ihre Frustration sehr genau kannten. Außenminister war damals der Sozialist Christian Pineau, ein Freund. Wir waren zusammen in Buchenwald, danach hat er mich nach Südamerika mitgenommen. Kurz, wir kannten uns gut. Pineau ist ein erstes Mal zu Nasser gefahren mit dem ehrlichen Wunsch nach einer Verständigung. Und er war schockiert darüber, wie deutlich ihm Nasser zu verstehen gab, dass nach seiner Meinung Frankreich im Nahen Osten überhaupt keine Rolle spielte. Als Nasser dann den Suezkanal nationalisierte, wurde das als frontaler Angriff insbesondere auf Frankreich empfunden. Die Versuchung war groß, sich militärisch mit Israel zu verbünden, um mit Nasser Schluss zu machen. Damit, so dachte man, würde man zugleich auch die algerische Volksbefreiungsfront, die FLN, los.

Elias Sanbar: Zur Suezexpedition 1956 kam es nach dem Gipfel von Bandung, während dessen 1955 der Jugoslawe Tito, der Inder Nehru und der Ägypter Nasser ein Bündnis schlossen, mit dem eine neue »Entität« enstand, nämlich die Dritte Welt.

Diese tiefgreifenden Veränderungen und Brüche, die ganzen Völkern neue Hoffnung gaben, fielen mit den ersten Jahren des palästinensischen Exils zusammen. Jahren der Abwesenheit, wie ich vorhin gesagt habe, des Verlusts der Heimat, die einfach geschluckt worden war. Sie war so sehr verschwunden, dass wir, die Palästinenser im Exil, die Existenz unserer Brüder, die zuhause in dem Land, das jetzt Israel hieß, geblieben waren, völlig vergaßen, wie wenn sie zusammen mit dem Land verschwunden wären. Dieses ungerechte Vergessen wich, sobald die Informationen wieder zu fließen begannen, einer noch weit ungerechteren Haltung gegenüber denen, die der Umsiedlung entgangen waren. Sie drückte sich so aus: »Sie sind nicht vertrieben worden, weil sie bestimmt Kollaborateure waren.«

Dies waren die Jahre einer allgemeinen nationalen Tristesse. Ich nenne diese Jahre die der »Heimatlosigkeit«. Lassen Sie mich die Wahl dieses Ausdrucks erklären. In der Diaspora leben bedeutet, wenigstens in der gängigen Verwendung des Worts, in einem fremden Land unter fremden Menschen leben. Doch der Exilpalästinenser, der in ein anderes arabisches Land geflüchtet ist, befindet sich nicht in einem fremden Land. Der Boden, auf dem er hier lebt, ist ihm meist völlig vertraut, weil sich sein Exilleben meist ganz in der Nähe seines »Zuhause« abspielt. Und unsere arabischen Brüder bewohnen nicht nur Land, das geographisch dem unseren benachbart ist, sondern sprechen unsere Sprache, teilen unsere Geschichte, unsere Kultur, unsere literarischen Vorlieben und verehren dieselben großen Dichter, genießen dieselbe Küche und so weiter …

Es geht also nicht um das Gefühl, in einem fremdem Land zu leben. Allgegenwärtig war dagegegen die Empfindung von Heimatlosigkeit, nämlich, von seinem eigenen Land fortgerissen und in der Nachbarschaft wie ein Gepäckstück abgesetzt worden zu sein. Wir befanden uns nicht in der Diaspora, aber wir waren auch nicht *bei uns*. Wir, die wir einst »das Herz der arabischen Nation« gewesen waren, waren nun ein Spielball des Schicksals geworden und wohnten an den Grenzen von Raum und Zeit.

Die Umsiedlung war von weiteren traumatisierenden Umständen begleitet – der Auslöschung unseres Namens: *Palästinenser* und dessen für unser Land: *Palästina*. »Es hat nie ein Palästina gegeben, und auch keine Palästinenser« – die ganze Welt hat diese Unwahrheit, diese Negation unserer Existenz, endlos wiederholt. Und wer unter denen, die unser Gespräch lesen werden, weiß schon, dass David Ben Gurion gleich nach der Proklamation des Staates Israel ein Komitee einberufen hat, das *Naming Committee*, das die Aufgabe hatte, die Ortsnamen vom kleinsten Bach und Pfad bis zu Kultstätten, Hügeln, Bergen, Dörfern und Städten zu ändern. »Wir sind gezwungen, aus Staatsräson die arabischen Namen zu streichen. Ebensowenig wie wir das politische Eigentum der Araber an diesem Land anerkennen, erkennen wir ihr Eigentum an den Namen für dieses Land an«, erklärte Ben Gurion gegenüber dem Mitgliedern des Komitees. Ich verweise die Leser, die mehr über diesen und weitere Aspekte des Konflikts wissen möchten, die ebenso erstaunlich wie einem breiteren Publikum unbekannt sind, auf das couragierte und erhellende Buch des Israelis Meron Bencenisti, das 2000 in Berkeley erschienen ist: *Sacred Landscape. The Buried History of the Holy Land since 1948.*

Nachdem die Namen ihrer Heimatorte ausgelöscht worden waren, während ihr eigener Name geleugnet wurde, verinnerlichten die Palästinenser ihre Abwesenheit und erlangten dadurch das traurige Privileg der Unsichtbarkeit.

Wenn du umgesiedelt worden bist, wirst du ein Abwesender; wenn dir der eigene Namen genommen wird, wirst du »inexistent«. Du weißt natürlich, dass es dich gibt, und die arabischen Völker, die dich aufgenommen haben, können dir natürlich ihre

Solidarität erweisen – in den Augen der Welt existierst du deshalb noch lange nicht, und du bist aus der Geschichte, aus der Zeit, verschwunden. Damit kommen wir an den Kern dessen, was das Anliegen der palästinensischen Nationalbewegung im Exil werden sollte: Der Kampf Hunderttausender um ihren Namen, um den Wiedereintritt in die geschichtliche Zeit und darum, wieder sichtbar zu werden. Jassir Arafat war für sein Volk der Mann, der diesen Kampf zur Zurückgewinnung des Namens getragen hat. Ohne den geringsten Zweifel war es allerdings Nasser, der im Namen der panarabischen Idee den Kampf begonnen hat, der eines Tages im Jahr 1993 auf dem Rasen vor dem Weißen Haus endete. Denn – was man auch von dem Oslo-Abkommen halten mag, von dem, was darin fehlt oder nicht ausgesprochen ist und von seinen inneren Widersprüchen – niemand, auch nicht unsere ärgsten Gegner, sagt seitdem: »Es gibt keine Palästinenser«.

Wir haben vorhin die Suez-Expedition 1956 angesprochen. Nassers Rede zur Nationalisierung des Suezkanals bedeutet für die Palästinenser, dass sie in einem für die Araber entscheidenden Augenblick mit ihrem Namen auf die Bühne der Geschichte zurückzukehren begannen. Die Palästinenser sind dafür noch immer dankbar und verehren bis heute den ägyptischen Präsidenten. Es ist keine Übertreibung, wenn ich sage, dass sie die größten »Nasseristen« unter den Arabern waren.

Ich kann mich noch an seine Rede erinnern. Ich war neun Jahre alt, und wir hatten uns um unseren Vater versammelt, um den ägyptischen Präsidenten in der »Stimme der Araber« im Radio zu hören. Wir hatten keine Ahnung, was folgen würde, doch ich werde nie die Stimme Nassers vergessen, als er die berühmten Worte aussprach: »In dem Moment, in dem ich spreche, haben eure Brüder die Kontrolle über die Suezkanal-Gesellschaft übernommen. Der Kanal ist ägyptisch!« Und ich werde nicht die Sekunden erstaunten Schweigens vergessen, auf die ein gewaltiger Jubelgeschrei folgte – und natürlich auch nicht die Tränen meines Vaters.

Stéphane Hessel: Da wir gerade von den arabischen Ländern in dieser Zeit sprechen, möchte ich einfach sagen, dass in Paris, wo ich das eine Mal war, oder in New York, wo ich das andere Mal war, oder sogar in Saigon der Hauptvorwurf, der 1956 gegenüber den arabischen Staaten geäußert wurde, der war, dass es dort keine Demokratie gab. Auch diejenigen, die mit der Emanzipation der Dritten Welt sympathisierten, sagten: »Dieser Nasser ist trotz allem ein Tyrann«.

Wir warfen den arabischen Staaten auch vor, dass sie keinerlei Bemühungen unternahmen, um die palästinensischen Flüchtlinge zu integrieren; stattdessen musste die UNWRA[30], die von uns, den Franzosen, Engländern und Amerikanern, finanziert wurde, mit viel Geld sicherstellen, dass diese unglücklichen Flüchtlinge wenigstens zu essen hatten und die Schule besuchen konnten. Wir wussten damals nicht, dass es die palästinensischen Flüchtlinge selbst waren, die sich weigerten, sich in andere Länder zu integrieren. Vor und nach 1967 hätten die Araber sich sehr wohl für die Palästinenser einsetzen können, aber sie haben es nicht getan. Manche haben damals gesagt, und manche sagen es noch heute: »Wenn den Arabern so sehr an der Schaffung eines Palästinenserstaats in Zisjordanien und im Gazastreifen gelegen ist, warum haben sie diese Absicht vor der israelischen Besetzung 1967 nicht verwirklicht, als diese Gebiete in den Händen der Jordanier und Ägypter waren? Und andererseits: Angesichts der Tatsache, dass das Königreich Jordanien auch nach der Abtrennung Zisjordaniens mehrheitlich von Palästinensern bewohnt ist, warum errichtet man den Palästinenserstaat nicht dort?« Was meinen Sie dazu, Elias?

Elias Sanbar: Regelmäßig stellt man uns die Frage: Wie haben die Araber euch behandelt? Ich antworte darauf immer gleich: Wenn ihr damit die Völker meint, so sage ich euch, dass wir un-

---

30 Die UNWRA (United Nations Relief and Works Agency for Palestine Refugees in the Near East) ist eine für die Versorgung der palästinensischen Flüchtlinge geschaffene Unterorganisation der Vereinten Nationen. *(A.d.Ü.)*

tergegangen wären ohne ihre Hilfe und ihre Opfer für unsere Sache. Wenn ihr damit aber die Regierenden meint, und ich nehme an, dass dies der Fall ist, so muss ich zurückfragen: Um welches Regime und um welche Periode geht es? Nur so kann man schrecklichen Vereinfachungen entgehen – »Die Völker sind für uns, die Herrschenden aber gegen uns« – und den Unterstellungen derer, die von uns hören wollen, dass uns unsere arabischen Brüder letzten Endes schlechter behandelt haben als Israel. Es gibt keine allumfassende Antwort auf diese Frage, weil je nach Periode oder Machtverhältnissen sehr unterschiedliche Persönlichkeiten das Geschehen bestimmt haben, die oft miteinander verfeindet waren. Es hat so viele arabische politische Einstellungen gegenüber Palästina gegeben, wie es Regimes gegeben hat.

Zu diesen zeitlichen und ideologischen Unterschieden sowie denen zwischen verschiedenen herrschenden Gruppierungen muss man die Unterschiede hinzufügen, die aus den jeweiligen nationalen Gegebenheiten und aus der geographischen Nähe oder Entfernung zu den Palästinensern resultieren. So hat es Algerien gewiss nicht weiter beunruhigt, dass die palästinensische nationale Frage wieder auf die Tagesordnung gelangt ist. Anders in Jordanien, wo die Bestätigung der Existenz einer palästinensischen Nation direkte Konsequenzen für das Königreich mit seiner mehrheitlich palästinensischen Bevölkerung haben muss. Im Libanon wiederum sorgt die Aussicht auf die Beendigung des palästinensischen Exils für eher freudige Unruhe, denn wenn die palästinensische Flüchtlingsbevölkerung, die zu 90% aus sunnitischen Muslimen betseht, auf Dauer im Lande bliebe, könnte dies das Gleichgewicht zwischen den Religionsgemeinschaften im Libanon und damit die Machtverteilung stören.

Syrien hat kaum je die Anwesenheit der Palästinenser gestört, doch das seit vier Jahrzehnten herrschende Regime hat stets sehr misstrauisch die palästinensischen Ambitionen auf Selbstbestimmung beobachtet. Ägypten wiederum, mit dem ganzen Gewicht seiner pharaonischen Macht, hat sich niemals Sorgen um die Politik der Palästinenser gemacht, solange dieses kleine Land an seiner Flanke alle Regeln einhielt und die besondere Bedeutung Kairos anerkannte. Und so weiter …

Stéphane, haben Sie eigentlich Israel nach der Staatsgründung jemals besucht? Und wenn ja, was fanden Sie besonders bemerkenswert?

Stéphane Hessel: Ich habe 1959 eine Israelreise unternommen. Dies war also die Zeit, als die Stadt Jerusalem zweigeteilt war und man sich nicht ohne Sondergenehmigung von einer Seite zur anderen begeben konnte. Meine Aufgabe war damals, die kulturellen Beziehungen zwischen Frankreich und Israel zu stärken, darauf zu achten, dass die Israelis Französisch lernten etc. Mein israelischer Kollege wollte mir unbedingt die Hinterlassenschaften der Kreuzfahrer zeigen: »Sie müssen unbedingt Cäsarea besichtigen!«

Elias Sanbar: Er hätte Sie zum Kloster von Latrun mitnehmen müssen. Der Name ist vielleicht eine Verballhornung von Lateran, denn das Kloster war das des Heiligen Johannes vom Lateran.

Stéphane Hessel: Ja, ja, der Lateran. Für meinen israelischen Kollegen waren die Kreuzzüge die Vorläufer der israelischen Landnahme, und deshalb wollte er mir die historischen Denkmäler zeigen. Bei dieser Reise hatte ich keinerlei Kontakt zu Palästinensern. Ich bin ihnen wahrscheinlich in der Straße der Araber in Nazareth begegnet, die man mir gezeigt hat. Aber natürlich hat man mir vor allem die Kibbuzzim ans Herz gelegt. Meine Tochter hat 1964 in einem israelischen Kibbuz gearbeitet, zusammen mit anderen jungen Franzosen, die wissen wollten, wie ein Kibbuz funktioniert. Ich selbst bin vor dem Krieg von 1967 nicht nach Israel zurückgekehrt.

Während dieser Reise 1959 hatte ich einen positiven Eindruck von dem Land. Ich habe bereits von meiner Einstellung damals gesprochen, von meiner Überzeugung, dass es nach der Shoah einen demokratischen und prosperierenden Judenstaat geben müsse, der vom Völkerrecht anerkannt und geschützt wird. Und was ich sah, enttäuschte mich nicht.

Zur selben Zeit unterhielt Frankreich enge Beziehungen zum Libanon und zu Syrien, wohin ich ebenfalls gereist bin, und es war völlig normal, dass die guten Beziehungen zu diesen Ländern gepflegt wurden. Als ich Chef der Abteilung Technische Zusammenarbeit im Quai d'Orsay war, hatte ich am meisten mit der Türkei zu tun, wo wir uns in großem Stil in der Ausbildung von Staatsangestellten engagiert hatten, mit Syrien, wo wir zahlreiche Verträge über landwirtschaftliche Zusammenarbeit geschlossen hatten, und mit dem Libanon, wo wir auf allen Gebieten gut repräsentiert waren.

Ich möchte klarstellen, dass ich während dieser Reisen keine Ahnung von einem Palästinenserproblem hatte. Wann bin ich mir dieses Problems bewusst geworden? Nun ja, das war, als man begann, von palästinensischen Terroristen zu sprechen! Wie wenn man über ein Schiff spricht, dass dadurch interessant wird, dass man jemanden ins Wasser geworfen hat.

Die Palästinenser, das waren also Leute, die ihr Recht verlangten und die mit allen zur Verfügung stehenden Mitteln kämpften, um es zu erreichen.

Elias Sanbar: Ich stelle fest, dass die Teilungsidee von 1947 Sie auf Dauer geprägt hat. Der Respekt vor den 1947 empfohlenen Grenzlinien ist also der Maßstab, an dem Sie die jeweilige Lage messen.

Stéphane Hessel: Ja.

Elias Sanbar: Sie verurteilen die israelische Politik immer dann, wenn sie nicht die für Israel festgelegten und von Israel im November 1947 akzeptierten Grenzen respektiert.

Stéphane Hessel: Die ganze Zeit sage ich es meinen jüdischen Freunden: Man kann keinen Staat unterstützen, der fortwährend die Regeln verletzt, die die Vereinten Nationen seinerzeit für die Region aufgestellt haben. Ihr verletzt, was ihr als immerwährende Rechtfertigung eurer Existenz vor euch hertragen solltet!

Kapitel 3

Der Sechstagekrieg, fünfundvierzig Jahre später

Farouk Mardam-Bey: *Auf die israelisch-englisch-französische Suezexpedition folgte zwischen 1956 und 1964 eine ruhigere Periode. Entscheidend dafür war zweifellos zum einen der amerikanische Wunsch, die Waffenstillstandslinien einzufrieren, und zum anderen die Anwesenheit von Blauhelmen, die die israelisch-ägyptische Front neutralisierte. Von 1961 an wuchsen indes wegen des israelischen Projekts, Wasser aus dem Jordan abzuzweigen, erneut die Spannungen, und nach und nach wurde die Palästinafrage für die arabischen Staatschefs wieder zum zentralen Thema. Diese beschlossen 1964 auf Anregung Nassers, eine Vertretungsinstanz der Palästinenser zu schaffen, die Palästinensische Befreiungsorganisation (PLO). Danach überschlugen sich die Ereignisse: Auf militärische Aktionen der Fedajin*[31] *folgten israelische Repressalien und wechselseitige Drohungen. Schließlich landete Nasser im Pokerspiel einen unglückseligen Bluff, als er im Mai 1967 die UNO aufforderte, ihre Blauhelme vom Sinai abzuziehen, und die Blockade des Golfs von Akaba verkündete. Israel nutzte diese Situation, um am 5. Juni einen Blitzkrieg zu beginnen, der an drei Fronten geführt wurde. Er endete mit der Besetzung Zisjordaniens und des Gazastreifens – den von Jordanien beziehungsweise von Ägypten verwalteten palästinensischen Territorien – sowie der ägyptischen Sinai-Halbinsel und der syrischen Golan-Höhen.*

Wie haben Sie diese Ereignisse erlebt, die die geopolitische Situation im Vorderen Orient von Grund auf verändert haben?

31 Fedajin, wörtlich »sich Opfernde«, werden die Gruppen von bewaffneten Kämpfern bezeichnet, die sich nach der Gründung Israel bildeten und vor allem nach dem Sechstagekrieg aktiv waren. *(A.d.Ü.)*

Nach dem Krieg hat die UNO verschiedene Resolutionen verabschiedet, namentlich die Resolution 242, die eine endgültige Lösung für den israelisch-arabischen Konflikt herbeiführen sollten. Israel hat darauf jedoch keinerlei Rücksicht genommen, sondern schafft seitdem unentwegt vollendete Tatsachen, ohne dass es zu der geringsten internationalen Sanktion gekommen wäre. Ist dies nicht der Grund dafür, dass sich Ihre Einstellung, die ja zunächst immer Pro-Israel war, geändert hat, Stéphane Hessel? Was hielten Sie von der Position von General de Gaulle vor und nach dem Krieg? Warum hat er Ihrer Meinung nach das stillschweigende Bündnis Frankreichs mit Israel beendet? Und dann ist da noch eine Frage, die wir nicht außen vor lassen können: die der Gewalt. Es liegt auf der Hand, dass es den Palästinensern nie gelungen wäre, die Welt auf ihr Problem aufmerksam zu machen, wenn sie keine Gewalt angewandt hätten. Trotzdem kann man sich fragen, welches die Kriterien sind, nach denen bestimmte Gewaltakte gerechtfertigt werden können oder auch verdammt werden müssen.

Stéphane Hessel: 1967 war ich an der französischen Botschaft in Algier mit einer ziemlich besonderen Aufgabe betraut: der französisch-algerischen Zusammenarbeit nach der Unabhängigkeit. Ich blieb dort bis 1969. Ich verfolgte die Ereignisse, die den Nahen Osten erschütterten, am Radio und in der Presse, und was mich am meisten interessierte, war, was im Sicherheitsrat vor sich ging. Nach dem Ausbruch des Krieges von 1967 war ich überrascht, wie schnell die Israelis siegten. Die Berichte, die ich erhielt, besagten, dass die gesamte ägyptische Luftwaffe bereits am ersten Morgen zerstört worden war, was der israelischen Armee die Möglichkeit gab, den Sinai und Zisjordanien zu erobern. Ich hatte keinen Zweifel, dass der israelische Premierminister Levi Eschkol, der kein Falke war, diesen Krieg nicht gewollt hatte, sondern ihm erst unter dem Druck seiner Generäle zugestimmt hatte. Natürlich veranlasste die Tatsache, dass Nasser der Gegner

Israels war, viele westliche Länder dazu, den Sieg den Israelis zu wünschen, denn sie verabscheuten Nasser. Ich kannte keinen europäischen Staatschef, der gesagt hätte: »Schade, dass Israel den Krieg gewonnen hat.«

Die Drohungen der arabischen Radiosender und die Aufforderung Nassers an die UNO, die Blauhelme, die seit 1956 auf dem Sinai stationiert waren, abzuziehen, waren inakzeptabel. Vor allem war aber die Blockade der Straße von Tiran, die die Ausfahrt israelischer Schiffe ins Rote Meer verhinderte, eine klare Verletzung des Völkerrechts. Man fragte sich, welche Rolle U Thant spielte, der damals Generalsekretär der Vereinten Nationen war. Warum hatte er dem Wunsch Nassers entsprochen und die Blauhelme zurückgezogen? Hätte er nicht zuvor den Sicherheitsrat konsultieren müssen? Doch hätte er sich anders verhalten können?

Tatsache ist, dass die Stationierung von UNO-Streitkräften auf der Sinai-Halbinsel, auf ägyptischem Gebiet, der Zustimmung Ägyptens bedurfte, und Ägypten wollte nicht mehr. Die Israelis haben dann die Ungeschicklichkeit Nassers genutzt und gewonnen. Aber was würden sie aus diesem glänzenden Sieg machen? Würden sie die Situation nutzen, um die Anerkennung ihres Staats durch die arabischen Staaten zu erreichen, oder würden sie sich die eroberten Gebiete auf Dauer aneignen? Während ich mir diese Fragen stellte, nahm der Sicherheitsrat im November 1967 die berühmte Resolution 242 an, die die Notwendigkeit betont, im Nahen Osten einen gerechten und dauerhaften Frieden zu erreichen. Sie verlangt einerseits den Rückzug der Israelis aus den eroberten Gebieten und andererseits die Anerkennung der Souveränität aller Staaten der Region, also auch die des Staates Israel, und seines Rechts auf Frieden in sicheren und anerkannten Grenzen.

Diese Resolution erschien mir gerecht und ausgeglichen. Sie ist, was unser Thema betrifft, bis heute der wichtigste völkerrechtliche Bezugspunkt.

Was war wirklich die Haltung der Vereinigten Staaten in dieser Zeit? Ich glaube, die amerikanische Regierung lehnte lange Zeit jede Veränderung des Status quo ab, aus Furcht, die Sowjetunion könnte davon profitieren. Außerdem machte sie sich große Sorgen um ihre wirtschaftlichen und strategischen Interessen auf der arabischen Halbinsel wegen des Bürgerkriegs im Jemen, in dem die von Nasser unterstützten Republikaner den mit Saudiarabien verbündeten Monarchisten gegenüberstanden. Aus diesem Grund, so die Historiker, die die diplomatischen Archive ausgewertet haben, gaben die Amerikaner den Israelis schließlich grünes Licht. Sie wollten einfach Nasser loswerden.

Frankreich dagegen wollte diesen Krieg auf keinen Fall. Wegen des Vietnamkriegs war de Gaulle damals sehr besorgt und fürchtete eine brutale Ost-West-Konfrontation, die den Weltfrieden ernsthaft gefährden würde. Auf seinen Anstoß hin hat die französische Diplomatie im Rahmen des Sicherheitsrats sehr aktiv an den internationalen Bemühungen um die Formulierung der Resolution 242 teilgenommen. Vor dem Ausbruch des Krieges hatte de Gaulle gehofft, Israel würde in einer Veteidigungssituation sein. Zu Abba Eban, dem israelischen Außenminister, hatte er gesagt: »Macht keinen Krieg. Und seid auf jeden Fall nicht diejenigen, die die Feindseligkeiten eröffnen!« De Gaulle war sich sicher, dass Israel sich im Fall eines Angriffs verteidigen könnte. Da man aber nicht auf ihn hörte und Israel nach seinem Sieg sich anscheinend in den eroberten Gebieten festsetzen wollte, verhärtete sich seine Position allmählich – man errinnert sich an den Satz, den er in einer berühmten Pressekonferenz über das »Elitevolk, selbstsicher und gewillt zu herrschen« äußerte und der ihm noch lange vorgeworfen wurde. Ich wiederum muss noch immer daran denken, dass Israels Premierminister Levi Eschkol keinen Krieg wollte und dass seine amerikanischen, britischen und französischen Partner hofften, dass nicht Israel die Feindseligkeiten eröffnen würde. Alle Welt glaubte, dass Nasser als erster angreifen und der israelische Gegenangriff sich deshalb völkerrechtlich leicht verteidigen lassen würde.

Elias Sanbar: »Ich war zwanzig. Ich werde niemandem erlauben zu sagen, dass dies das schönste Alter des Lebens ist« – so beginnt Paul Nizans berühmte Schrift *Aden*. Dies könnten die Worte sein, um auszudrücken, was für mich und für meine Generation die Niederlage von 1967 bedeutete. Aber eigentlich wäre das nicht wahr, denn diese Zeit der Niederlage und der Desillusionierung mündete nach einigen Wochen in eine Euphorie, die diejenigen unter uns ergriff, die sich zuvor auf die Worte von Nizan berufen hätten. Ich will deshalb jetzt die »Zeit der Paradoxe« erklären, die wir damals erlebten, in diesen Tagen, als wir zugleich die Behauptung Nizans uns zu eigen machen und das Gegenteil behaupten konnten, nämlich, dass dieses Alter »auch das schönste unseres Lebens« war.

Der Junikrieg von 1967 begann damit, dass die Siegesmeldungen, die die aus Kairo sendende »Stimme der Araber« verbreitete, nur so auf uns herab prasselten. Wir konnten die abgeschossenen Flugzeuge und zerstörten Panzer schon nicht mehr zählen …

Bei den Palästinensern erreichte der Optimismus seinen Höhepunkt: »Na also, wir kehren nach Hause zurück!« Man kann sich vorstellen, wie verblüfft wir alle waren, als uns ein paar Tage später die Nachrichten von der totalen Niederlage der arabischen Armeen erreichten – und dass das Westjordanland, Gaza, der syrische Golan und der ägyptische Sinai besetzt waren!

Für die arabische Welt war dies eine verheerende Tragödie. Die ältere Generation von uns Palästinensern kam zu der Überzeugung, dass sie Palästina nicht wiedersehen würde, dass sie ihre Zukunft bereits ein für allemal hinter sich hatte. Mein Vater war einer davon; er starb nach einer heftigen Herzattacke.

Meiner Generation ging die Katastrophe nicht weniger nahe. Wir waren zwanzig, und wir hatten das Gefühl, dass man uns unsere Zukunft genommen hatte, dass es keine Perspektive für uns gab. Damals begannen wir Nasser zu verachten, umso mehr, als wir uns seiner Führung total anvertraut hatten. Doch während für unsere Eltern alles vorbei war, drehte sich unsere Stimmung in wenigen Monaten ins Gegenteil. Das dafür entscheidende Ereignis fand im März 1968 statt, neun Monate nach der Niederlage. Uns erreichten da Nachrichten von einem Gefecht im Westjordanland. Es fand statt zwischen aus dem Untergrund aufgetauchten palästinensischen Kämpfern und israelischen Einheiten, denen Mosche Dayan befohlen hatte, den Jordan zu überschreiten, um die ersten Regungen von Widerstand im Keim zu ersticken.

Wir wussten damals so gut wie nichts über diese Palästinenserorganisationen, über ihre Entstehung während der ersten Jahre des Exils und über ihre Mitglieder, die in den Gefängnissen mancher arabischer Regimes gesessen hatten, die sie zu unkontrollierbaren Elementen und Provokateuren erklärt hatten.

Das fragliche Gefecht fand in einem kleinen Dorf unweit des Jordan statt, das Karame heißt – was auf Arabisch »Würde« bedeutet. Drei- bis vierhundert junge Männer kämpften gegen die siegreichen israelischen Truppen, und diese mussten sich schließlich zurückziehen, wobei sie eine Anzahl Gefallener sowie verbrannte Panzer und gepanzerte Fahrzeuge zurückließen. An diesem Tag entstand etwas Neues, das sich von nun an *Al-Muqawâma Al-Filistîniyya*, Palästinensischer Widerstand, nannte. Während des Gefechts waren die meisten dieser Kämpfer gefallen, doch der politische Erfolg war gewaltig. In den folgenden Wochen traten Tausende junger Palästinenser und Araber dem Widerstand bei. Die palästinensischen Kämpfer waren dezimiert worden, doch ihre Führung, die fast die ganze Truppenstärke in dieses Gefecht warf, die alles auf eine Karte setzte, hatte die großartige Intuition gehabt, dass ein Sieg, so bescheiden er auch sein mochte, als Ausgleich für die erdrückende Niederlage wahrgenommen würde.

Eines morgens tauchten die Fotos von Karame auf den Titelseiten der Zeitungen auf; wir fühlten uns wie in einem Wachtraum. Es folgte die Beerdigung der gefallenen Kämpfer. Ihre Leichname wurden mit einem Gefolge von Zigtausenden zu ihren Familien in den Flüchtlingslagern von Beirut, Damaskus oder Amman gebracht. Meine Generation hatte wieder eine Perspektive gefunden. Sie hieß *Muqâwama*, Widerstand. Ich bin damals, mit zwanzig, beigetreten.

Stéphane Hessel: Ich wiederum habe wie gesagt diese Ereignisse von Algerien aus beobachtet, einem Land, das sich den Palästinensern sehr verbunden fühlte und eine aktive Rolle im Nahen Osten zu spielen bereit war. Was den Kriegsverlauf betrifft, so hatten die Algerier keine eindeutige Meinung. Natürlich passte ihnen der Sieg der Israelis nicht, aber sie fanden auch, dass Nasser der Hauptverantwortliche für die arabische Niederlage war. Außerdem hatten die Algerier damals etwas gegen Ägypten, dem sie einen übertriebenen Panarabismus vorwarfen. Für die Palästinenser dagegen empfanden sie Sympathie und hofften, dass sie ihr Schicksal in ihre eigenen Hände nehmen würden, statt es den arabischen Staaten anzuvertrauen. Was Sie sagen, Elias, erscheint mir wichtig. Seit der Niederlage von 1967 betraten die Palästinenser die politische Bühne, und seitdem war die herrschende Meinung in Algerien, dass man sie in ihrem Kampf um ihre Rechte unterstützen müsse. Vorher hatten die meisten Leute noch nie vom Westjordanland oder von Gaza gehört.

Elias Sanbar: Richtig ist, dass es die PLO seit 1964 gab. Nasser hatte sie im Rahmen der Arabischen Liga gegründet, und sie hatte den Palästinensern ein politisches Gesicht gegeben, auch wenn sie ein politisches Instrument des ägyptischen Präsidenten war. Letzteres erklärt das offizielle Misstrauen gegenüber den kleinen palästinensischen Untergrundorganisationen. Sie wurden unterdrückt, obwohl sie keineswegs anti-nasseristisch waren, sondern nur verkündeten, dass die Zeit reif dafür sei, dass die Palästinenser ihr Geschick in die eigene Hand nähmen. Nach der Niederlage von 1967 wurde die PLO – wie sollte es auch anders sein – ganz selbstverständlich für ebenso unfähig erklärt wie die arabischen Regimes, und Ahmed Schukeiri, ihr Präsident, wurde zum Symbol für einen Funktionär, der nichts anderes vermochte, als feurige Reden voller Übertreibungen zu halten. Nasser zog daraus sofort die politischen Konsequenzen und ließ den Mann im August 1967 auf dem arabischen Gipfel in Khartum fallen. Zugleich öffneten sich die Türen der Palästinenserzentrale den Widerstandsorganisationen. Im Februar 1969 wurde Jassir Arafat, der aus einer solchen palästinensischen Untergrundorganisation kam, auf der Versammlung des palästinensischen Nationalrats – des Exilparlaments – zum Präsidenten der PLO gewählt.

Der Zusammenhang der Ereignisse wird in der Aufzählung deutlich: Niederlage im Juni 1967, Fall Schukeiris im August 1967, Beginn des Widerstands im März 1968, Wahl Arafats zum Präsidenten der PLO im Februar 1969. Nun fehlt allerdings noch ein wichtiges Datum: Dem Amtsantritt des historischen Führers der Palästinenser ging eine feierliche Erklärung des Zentralkomitees der Fatah[32] voraus, in der es hieß, die Palästinenser kämpften nicht »gegen die Juden als ethnische und religiöse Gemeinschaft«, und das »Endziel des Kampfs« sei »die Wiederherstellung eines unabhängigen und demokratischen palästinensischen Staats, in dem alle Bewohner, gleich welcher Religion sie angehören, dieselben Rechte haben«. In der Folge haben mehrere Texte diese Idee in dem Sinne weiterentwickelt, dass es um die Schaffung eines demokratischen und weltlichen Staats auf dem gesamten Territorium Palästinas gehe, in dem die jüdischen, christlichen und muslimischen Bürger die gleichen Rechte und Pflichten haben.

Israel hielt diesen Text für ein plumpes taktisches Manöver; in Wahrheit gehe es den Palästinensern um die Zerstörung des Staates Israel als Judenstaat. Der Text wurde auch von vielen palästinensischen und arabischen Aktivisten als zu liberal und zu wenig fortschrittlich kritisiert, da er die Palästinafrage als Problem zwischen den Gemeinschaften von Juden, Christen und Muslimen betrachte, statt sie von einem nationalen antikolonialen Standpunkt aus anzugehen. Darüber lässt sich gewiss diskutieren, doch

---

32 Die Fatah, Bewegung zur nationalen Befreiung Palästinas, ist die stärkste Gruppierung innerhalb der Palästinensischen Befreiungsorganisation PLO. *(A.d.Ü.)*

das ändert nichts daran, dass das Konzept eines »demokratischen Palästina« seinerzeit sehr fortgeschritten war und den großen Vorteil hatte, dass es das Prinzip der Gleichheit aller zum Fundament einer gerechten und praktikablen Lösung machte. Es war insofern auch ein mutiges Konzept, als damals weltweit bewaffnete revolutionäre Bewegungen die Szene beherrschten, in Asien – besonders in Vietnam –, in Lateinamerika und in Afrika. Dazu kam, nicht zu vergessen, die Protestbewegung in Europa, voran der Mai 1968 in Frankreich. Die Erklärung war also der erste Ausdruck einer politischen Öffnung von Seiten der Palästinenser, nämlich zwar nicht die Existenz Israels zu akzeptieren, aber doch die Möglichkeit, mit den Israelis zusammenzuleben. Zweifellos bedurfte es damals erheblichen politischen Muts, ein Zusammenleben als Gleiche unter Gleichen vorzuschlagen.

Stéphane Hessel: Wer hat diese Erklärung unterschrieben?

Elias Sanbar: Der Text ist von der Führung der Fatah veröffentlicht worden, also der Bewegung Arafats, der einen Monat später Präsident der PLO werden sollte. Aber der Vorschlag kam zu früh.

Stéphane Hessel: Ich wusste nicht, dass das so klar und eindeutig ein Text der Fatah war. Er fordert also ein »demokratisches Palästina«, das aus Israel und den besetzten Gebieten, also dem Westjordanland und dem Gazastreifen bestehen sollte, anders gesagt, aus dem gesamten ehemaligen Mandatsgebiet Palästina. Ich gebe zu, dass man unter Diplomaten und auch unter Politikern sehr wenig über die Entwicklung einer palästinensischen Nationalbewegung wusste. Nicht nur in Algerien, wo ich mich aufhielt, sondern überall. In Frankreich wunderte man sich nicht, dass die Palästinenser ihre Lage unter der Besatzung nicht akzeptierten und zu terroristischen Aktionen übergingen. Was mit ihnen geschehen war, war unerträglich, und sie hatten kein anderes Mittel, sich Gehör zu verschaffen, als den Terrorismus. Kaum jemand kannte ihre Zukunftsvorstellungen, wie Sie sie beschreiben. Man las ihre Texte nicht und verstand ihre Erklärungen nicht. Sie hatten einen Anführer, Jassir Arafat, dessen Popularität wir berücksichtigen mussten, der aber jemand war, der nicht davor zurückschreckte, zu terroristischen Mitteln zu greifen; man musste sich vor ihm hüten. Ich würde Ihnen gern klarmachen, wie die Palästinenser von der großen Mehrheit der Menschen in Europa wahrgenommen worden sind. Das ist, scheint mir, eines der wichtigen Ziele unseres Gedankenaustauschs.

Bis zum Jom-Kippur-Krieg von 1973, während der Präsidentschaft von Georges Pompidou, wurden die Vertreter von Fatah und PLO zwar im Quai d'Orsay oder im Innenministerium empfangen, doch sie genossen noch keinen offiziellen Status. Nach diesem Krieg, der von Ägypten und Syrien ausgelöst worden ist, hat Frankreich begonnen, offizielle Beziehungen zu Arafat zu unterhalten. 1974 hat der französische Außenminister, Jean Sauvagnargues, ihn sogar in Beirut getroffen. Damals war Valéry Giscard d'Estaing gerade zum Präsidenten der Republik gewählt worden.

Elias Sanbar: Zu den Ereignissen, deren Zusammenhang ich eben dargestellt habe, möchte ich noch eines hinzufügen, um zu zeigen, dass die Idee des Friedens, die Annahme des Zwei-Staaten-Prinzips, nicht wie durch ein Wunder am Vorabend der Konferenz von Madrid[33] 1991 aufgetaucht ist, sondern das Ergebnis eines langen und schmerzhaften Prozesses ist, der von Kriegen und Massakern ebenso geprägt war wie von diplomatischen Initiativen und Volksaufständen – vor allem der 1987 in den besetzten Gebieten ausgebrochenen Intifada, dem »Krieg der Steine«.

Das Ereignis, das ich meine, trug sich 1974 zu, dem Jahr des Auftritts Arafats vor der UNO. In diesem Jahr tagte der palästi-

33 Die Friedenskonferenz von Madrid 1991, zu der die USA eingeladen hatten, markiert den Anfang des Friedensprozesses, der 1993 zu den Oslo-Abkommen führte. *(A.d.Ü.)*

nensiche Nationalrat in Kairo und beschloss im Kern, dass die Palästinenser ihren Staat auf allen Teilen des nationalen Territoriums errichten würden, die befreit sind oder »aus denen Israel sich zurückgezogen hat«. Das bedeutete zwar gewiss noch nicht die Annahme der UNO-Resolutionen 242 und 338, aber doch die Anerkennung der Idee, dass es eine Verhandlungslösung für den Konflikt geben könnte, wenn Israel sich aus den 1967 besetzten Gebieten oder Teilen davon zurückzöge.

Die Jahre 1970 bis 1980 waren trotz allem extrem gewalttätig. Auf die häufigen Tötungen von Palästinensern durch das israelische Militär reagierten die Palästinenser mit Angriffen und mit Attentaten, denen in Israel und in der übrigen Welt Zivilisten zum Opfer fielen. Sie wurden allgemein verdammt und gelten als Schande für die Palästinenser, die sich seit Jahren und noch immer bemühen, sich von dieser Schande zu befreien. Und doch warfen diese Aktionen, abgesehen von ihrer Verdammungswürdigkeit, die Frage nach der Legitimität von Gewalt überhaupt auf. Dazu würde ich gern Ihre Position kennenlernen, Stéphane, die Meinung eines ehemaligen Angehörigen der Résistance: Wann ist Gewalt legitim, wann ist sie illegitim? Und was legitimiert oder delegitimiert sie?

Stéphane Hessel: Gewalt gegen Unterdrückung ist stets verständlich und stets natürlich; es gibt keine juristischen Argumente, nach denen sie illegitim wäre. Zugleich muss man feststellen, dass sie selten effizient ist. Die Franzosen meiner Generation haben die Erfahrung machen können, dass die Entkolonisierung in Afrika südlich der Sahara – dank de Gaulle, muss man sagen – abgesehen von wenigen Zwischenfällen friedlich verlaufen ist. Die Situation in Algerien war komplizierter. Die FLN versuchte, die Unabhängigkeit mit gewaltsamen Mitteln zu erreichen, nicht nur durch Guerillaaktionen, sondern auch durch Terror, etwa indem sie Bomben in Cafés zündete. Wie alle meine Freunde, die für die Entkolonisierung eintraten, hatte ich Verständnis für die

Anwendung von Gewalt, natürlich ohne blindwütige Attentate zu verteidigen. Ich war überzeugt, dass Germaine Tillion[34] und andere Intellektuelle recht hatten, die einerseits fanden, dass Algerien schnellstmöglich die Unabhängigkeit erhalten sollte, andererseits aber auch sagten: Diese Gewalt ist kontraproduktiv, sie bestärkt die Starken nur darin, den Schwachen ihre Rechte vorzuenthalten.

Was kann Gewalt legitimieren? Die Frage ist nicht leicht zu beantworten. Gewalt ist völlig legitim, wenn der Schwache keine andere Möglichkeit hat, sich gegen seine Unterdrückung zu wehren. Aber er weiß auch selbst, dass sie nie ausreicht und er eines Tages wird verhandeln müssen. Ich war voller Bewunderung für die Algerier, die verstanden, dass sie von einem bestimmten Augenblick an verhandeln mussten – und die großartige Verhandlungspartner waren. Der Friede in Algerien ist durch die Gewalt eher verzögert als beschleunigt worden. In diesem Sinne kann man zu der Einsicht kommen, dass die terroristischen Anschläge der Palästinenser, wie der in München, nicht der Sache geholfen haben, der sie angeblich dienten. Doch muss man auch sagen, dass sie der ganzen Welt zu verstehen gegeben haben, dass es eine Palästinafrage gibt und dass sie sich engagieren muss, um eine gerechte und dauerhafte Lösung zu finden. Um legitim zu sein, darf Gewalt sich aber niemals gegen unschuldige Zivilisten richten. Und sie kann nur die letzte Möglichkeit sein, wenn es kein anderes Mittel mehr gibt, sich Gehör zu verschaffen.

Die palästinensische Intifada war, wenn man von den blindwütigen Attentaten auf israelische Zivilisten absieht, völlig legitim. Die Palästinenser hatten die Abkommen von Oslo unterschrieben, den Staat Israel anerkannt und den Verhandlungsweg für die Lösung der Probleme gewählt, die bei der Anwendung der Ab-

34 Germaine Tillion (1907–2008) war eine bedeutende französische Ethnologin. Während des Zweiten Weltkriegs war sie in der Résistance aktiv; nachdem ihre Gruppe aufgeflogen war, wurde sie inhaftiert und 1943 ins KZ Ravensbrück gebracht. In den 1950er und 1960er Jahren engagierte sie sich für die algerische Unabhängigkeit. *(A.d.Ü.)*

kommen aufgetaucht waren; die israelischen Regierungen jedoch hielten ihre Verpflichtungen nicht ein, insbesondere den Zeitplan für ihren Rückzug aus den besetzten Gebieten. Ganz zu schweigen von der Ausdehnung der Siedlungskolonien, die die Möglichkeit aufs Spiel setzte, jemals zu einem Schlussabkommen zu gelangen, dem die Gründung eines unabhängigen souveränen palästinensischen Staates folgen könnte. So sehr die öffentliche Weltmeinung 1972 den Terroranschlag auf die israelischen Sportler während der Olympiade in München verdammt hat oder 1985 die Entführung des Kreuzfahrtsschiffs *Achille Lauro*, vor allem, nachdem ein jüdisch-amerikanischer Passagier über Bord geworfen worden war, so sehr hat sie in ihrer Mehrheit die Palästinenser zwar nicht unbedingt unterstützt, aber doch wenigstens verstanden, denn sie hatten die Intifada erst in einer völlig verzweifelten Lage begonnen.

Elias Sanbar: Aber wie haben Sie es mit der Gewalt in der französischen Résistance gehalten?

Stéphane Hessel: Die Anweisungen für die Résistance im Inland waren uneindeutig. Man sagte den Partisanen: Macht alles, was die Sache für die Wehrmacht schwieriger macht, lasst sie teuer für die Besatzung bezahlen. Lasst Züge entgleisen, sabotiert die Häfen, unterbrecht die Nachschubwege, aber vermeidet, deutsche Soldaten zu töten. *[Elias Sanbar will dies offenbar nicht glauben.]* Ja, ja, so war es, man verlangte von ihnen, den Deutschen zu schaden, aber Menschenleben zu schonen. Tatsächlich hat es nur wenige Attentate gegen deutsche Offiziere und Soldaten gegeben, viel weniger als man glauben möchte. Einfach, weil die Deutschen die Macht hatten, sich sehr grausam zu rächen, indem sie die gesamte Bevölkerung eines Ortes als Geiseln nahmen und wehrlose Franzosen erschossen. Die Unterdrückungsmaßnahmen der Besatzer waren schrecklich. Jedenfalls hat die französische Résistance – geben wir es ruhig zu – lange gebraucht, um militärisch erfolgreich zu sein. Das ist sie erst während der letzten sechs Monate der Besatzung geworden. So hat sie eine wichtige Rolle bei der Befreiung von Paris gespielt. Entscheidend war aber die Armee des Freien Frankreich unter General Leclerc.

Zu Beginn der Nazi-Besatzung war die Résistance im Land sehr begrenzt. Die Mehrheit der Franzosen sympathisierte mit dem Vichy-Regime. In London schätzten wir den Anteil der zum Widerstand Bereiten an der Bevölkerung auf lediglich 15%. Die Lage änderte sich ganz allmählich, vor allem nach der Ausdehnung der Besatzung auf das gesamte Frankreich im November 1942. Von da an vervielfachte sich die Zahl der Untergrundkämpfer. Natürlich behaupteten nach 1944 85% der Franzosen, Widerstandskämpfer gewesen zu sein …

Elias Sanbar: Was die Palästinenser anbetrifft, so hat man dauernd die legitime Gewalt eines Befreiungskriegs im Lande mit den zu verurteilenden Aktionen vermengt – wie dem Angriff auf die israelischen Athleten bei der Olympiade 1972 in München oder den Flugzeugentführungen und Geiselnahmen.

Das hat zu heftigen Anschuldigungen gegen das *gesamte* palästinensische Volk geführt. Um auf diese zu antworten, reicht es nicht zu sagen, dass auch die Besatzungsmacht die Genfer Konvention und das Kriegsrecht nicht respektiert oder dass die Attentate die Folge davon seien, dass man in einer politischen Sackgasse stecke, aus der man nur mit einer spektakulären Aktion herauskönne. Es reicht auch nicht der Hinweis, dass zahlreiche palästinensische Kader – und ich habe zu diesen gehört – sich energisch gegen derartige Aktionen ausgesprochen haben, weil sie sie für unvereinbar mit ihrer Moral und politisch dumm hielten.

Nein, das reicht nicht. Vor allem hilft es nicht bei der Beantwortung der unumgänglichen Frage nach der Gewaltanwendung durch unter fremder Besatzung lebende Völker. Ich selbst glaube, dass es verschiedene Arten von Gewalt gibt. Sie sind sogar absolut verschieden, auch wenn man sie mit demselben Wort bezeichnet. Die Gewalt der Männer und Frauen, die für die Befreiung ihres Volks kämpfen, ist absolut legitim. Die Genfer Konvention bestätigt dies nicht nur; sie macht aus dem Widerstandsrecht sogar eine Pflicht der Unterdrückten.

Aber wie soll man definieren und in der Realität, nicht allein in den Rechtstexten, *unterscheiden*, was legitime und was illegitime Gewalt ist? Wer unter einer fremden Besatzung lebt, ist Opfer von Gewalt und hat kein anderes Mittel, als – Sie haben es gesagt – zu kämpfen, um sich von der Unterdrückung zu befreien. Diese Grundsätze erweisen sich angesichts der Realität allerdings als sehr unvollkommen. Ich persönlich habe für mich eine Regel, nach der ich sogenannte Terrorakte bewerte. Sie ist einfach: Was zählt, ist nicht die Anwendung oder Nichtanwendung von Gewalt, sondern das Ziel der Gewalt. So halte ich jede Gewalt für illegitim, die sich gegen Zivilisten richtet. Doch leider ist auch dieses Kriterium nicht immer einfach anzuwenden. Dazu möchte ich von einer Diskussion erzählen, die wir bei einem Treffen mit israelischen Pazifisten geführt haben.

Die Begegnung fand nach der israelischen Invasion im Südlibanon 1982 statt. Wir, das waren Leila Shahid[35], Ilan Halevi[36] und ich, und unter unseren Gesprächspartnern befand sich Dedi Zucker, ein pazifistischer Knessetabgeordenter und Mitbegründer der Merez-Partei[37]. Nachdem er den palästinensischen Terrorismus kritisiert und alle palästinensischen Kämpfer zu Terroristen erklärt hatte, berichtete Zucker uns, dass er an den Operationen im Südlibanon teilgenommen und mit seiner Einheit ein libane-

35 Leila Shahid (geb. 1949) ist die in Europa wohl bekannteste Repräsentantin Palästinas. Sie war die erste Botschafterin der PLO. Seit 1993 war sie Botschafterin der Autonomiebehörde in Paris; seit 2006 leitet sie die Vertretung bei der EU. *(A.d.Ü.)*

36 Ilan Halevi (geb. 1943) ist einer der wenigen jüdischen palästinensischen Politiker. Er begreift sich als antizionistischen jüdischen Palästinenser. Er vertritt Palästina in Europa und bei der Sozialistischen Internationale. *(A.d.Ü.)*

37 Die Meretz-Partei, die 1996 aus einer Bürgerrechtsbewegung entstanden ist, versteht sich als sozialdemokratische, gemäßigt zionistische politische Gruppierung, für die die Menschenrechte sowie Frieden und Verständigung mit den Palästinensern zentrale Themen sind. In der Sozialistischen Internationale hat sie Beobachterstatus.

sisches Dorf eingenommen habe, ohne dass dies seine pazifistischen Überzeugungen oder seine ehrliche Suche nach einem Friedensdialog in Frage gestellt habe.

Als er fertig war, sagte Leila Shahid zu ihm Folgendes: »Ohne dass ich nur einen Augenblick Ihr Engagement für den Frieden in Frage stelle, möchte ich Sie fragen, wie Sie es angestellt haben, als Sie auf dieses Dorf zielten, dass Ihre Kugeln zwischen Zivilisten und Militärangehörigen unterscheiden konnten?«

Ich erzähle diese Episode nicht, um nicht zu rechtfertigende Aktionen zu rechtfertigen, oder »mildernde Umstände« zu beantragen, sondern um zu zeigen, dass Unterscheidungen in tragischen Momenten manchmal unmöglich sind. Kriege sind etwas Abscheuliches, und trotzdem ist es immer ebenso abscheulich, die Besiegten zu unterdrücken.

Stéphane Hessel: Der Volkswiderstand ist auf der militärischen Ebene vielleicht wenig effizient, aber er kann es auf der politischen Ebene sein. Seine Rolle ist es, die Bevölkerung gegen den Besatzer zu mobilisieren. So war es in Frankreich. Die Résistance wollte die öffentliche Meinung erobern und erreichen, dass sie sich gegen das Vichy-Regime wandte. Sie war nicht sehr gewalttätig und hat nur selten direkt Personen angegeriffen; ihr Ziel waren vielmehr die deutschen Einrichtungen und noch mehr die in die Hände der Deutschen gefallene strategische Infrastruktur Frankreichs.

Die Botschaft der Résistance war die, den Deutschen klarzumachen, dass die Franzosen sich nie der nationalsozialistischen Ordnung unterwerfen würden. Die Untergrundpresse war großartig und sehr effizient. Alle diese Zeitungen verbreiteten dieselbe Botschaft: Die Besatzung ist unakzeptabel und der Waffenstillstand ein Skandal, es gilt gegen die Besatzung und die Kollaboration mobil zu machen. Vertraut General de Gaulle, er verfügt bereits über beachtliche militärische Kräfte und hat mächtige Verbündete!

Der Résistance im Land war bewusst, dass sie nicht auf sich allein gestellt eine ganze Armee wie die deutsche besiegen konnte. Doch während sie auf die Armee des Freien Frankreich und die Verbündeten wartete, konnte sie die Bewegungen der Deutschen behindern und dabei doch ihre Ziele so wählen, dass die Bevölkerung so gut wie möglich von Repressalien verschont blieb, gegen die man nichts ausrichten konnte.

Elias Sanbar: Ich möchte Ihre Argumentation unterstützen, Stéphane, und zwar mit einem Beispiel aus der französischen Opposition gegen den Algerienkrieg. Für wen standen eigentlich die »Kofferträger[38]«? Ich meine damit: Wie groß war ihr Anteil an der französischen Bevölkerung? Rein rechnerisch betrachtet, war der natürlich ein winziger Prozentsatz; ihr Einfluss war jedoch groß, wenn man bedenkt, dass die Handvoll Frauen und Männer dazu beigetragen hat, die Kolonialherrschaft zu *delegitimieren*. Wie groß war die Zahl der israelischen Teilnehmer am Friedenscamp von 1988, im ersten Jahr der Intifada? Natürlich winzig im Verhältnis zur Gesamtbevölkerung ihres Landes. Trotzdem waren sie die ersten, die in Israel die Frage nach der Legitimität der Besatzung in den palästinensischen Gebieten aufgeworfen haben. Sie haben die Besatzung nicht beendet, aber sie haben dazu beigetragen, dass sie hinterfragt wurde, indem sie die Frage nach dem Recht auf die Tagesordnung gesetzt und das Recht zu der Elle gemacht haben, an der die Politik ihrer Regierung gemessen werden sollte. Die Arbeit, die sie geleistet haben, wirkt bis heute nach; sie haben die entscheidende Frage gestellt, die nach der Legitimierung durch das Recht.

Legitimität ist letzten Endes *die* Frage.

Nehmen wir den Fall der ersten Intifada, die trotz desselben Namens keinesfalls mit der bewaffneten Intifada verwechselt werden darf, die im Herbst 2000 begann.

---

38 »Kofferträger« wurden während des Algerienkriegs die Franzosen genannt, die die Algerier mit Geld, falschen Papieren und Informationen unterstützten. (*A.d.Ü.*)

In der ersten Intifada kämpften mit Steinen bewaffnete Jugendliche gegen die perfekte israelische Militärmaschinerie. Diese Intifada war durchaus nicht gewaltlos, doch sie schuf gerade durch die Diskrepanz der eingesetzten Mittel eine neue Ebene der Auseinandersetzung. Junge Menschen aus den besetzten Gebieten, die mit Steinen bewaffnet waren, gegen die schwerbewaffnete Besatzungsmacht. Diese Unverhältnismäßigkeit führte zur *Delegitimierung* der Besatzung. Und dies machte eine Regelung des Konflikts durch Verhandlungen für die Politiker auf beiden Seiten unumgänglich.

Stéphane Hessel: Ja, das ist die Entschlossenheit, nicht zurückzuweichen, die hartnäckige Weigerung, vor der Gewalt des Anderen einzuknicken. Und das alles ohne Blutvergießen und bewaffnete Angriffe. Die Gewaltlosigkeit ist eine Waffe der Schwachen, mit der sie über die unterdrückerische und brutale Gewalt der Starken triumphieren können. Doch kehren wir zu den Vereinten Nationen zurück. Was haben die Vereinten Nationen gemacht? 1967 hatten sie die Resolution 242 angenommen; danach nahmen sie 1973 die Resolution 338 an. Beide zeigen Israelis wie Arabern, wie ein vernünftiger Kompromiss ihren Konflikt beenden könnte. Die UNO hat seitdem immer wieder dieselben Prinzipien verkündet und die Illegitimität der israelischen Besatzung des Westjordanlands und des Gazastreifens unterstrichen. Sie hat immer wieder an die vierte Genfer Konvention erinnert, die dem Eroberer eine Reihe von Pflichten auferlegt: keine Geiselnahme, keine Repressalien gegen die Zivilbevölkerung, keine Kollektivstrafen, keine Siedlungen auf den eroberten Territorien. Diese Verpflichtungen hat Israel nicht eingelöst und damit das Völkerrecht verletzt. Dies ist der Grund, weshalb ich vor einigen Jahren eine eindeutige Position in der Palästinafrage bezogen habe. Nach wie vor sage ich jedem, der es hören will: Es ist unakzeptabel, dass ein Staat, der seine völkerrechtliche Existenz dem Sicherheitsrat der Vereinten Nationen verdankt und der Mitglied der Vereinten Nationen ist, systematisch die Grundprinzipien der Vereinten Nationen verletzt.

Elias Sanbar: Nun möchte ich einmal den Advocatus Diaboli spielen. Ich bin mit Ihnen einer Meinung, dass auch das Völkerrecht ein wichtiger Kampfplatz ist und dass man so viel wie möglich aus den juristischen Texten herausholen muss. Doch uns wird, umso mehr, je länger die Debatten dauern, entgegengehalten, dass wir zwar eine beeindruckende Zahl von internationalen Resolutionen haben, dass dies aber nicht das Geringste an unserem Alltag ändert. Zweifellos haben sie moralisches Gewicht, doch wozu dient es, sich sein Recht bestätigen zu lassen, welchen Einfluss hat das auf die Realität unter der Besatzung?

Stéphane Hessel: Aber doch, in Asien, in Afrika, in Lateinamerika hat es dank der UNO große Fortschritte gegeben. Eine Reihe von Gewaltherrschaften sind letztlich durch politische und diplomatische Initiativen gestürzt worden, die sich auf das Völkerrecht stützten. Wenn man die Geschichte des 20. Jahrhunderts seit 1945 Revue passieren lässt, so kann man sehen, dass es einen enormen Fortschritt im Sinne dieser internationalen Grundsatzerklärungen, Konventionen und Resolutionen gegeben hat. Die Menschenrechte mobilisieren heute Männer und Frauen guten Willens in allen Ländern der Welt, es gibt zahlreiche Gesellschaften für die Verteidigung dieser Rechte, und in vielen Ländern hat der von den Vereinten Nationen ausgeübte Druck entscheidend zum Sieg demokratischer Bewegungen über Diktatur und Tyrannei beigetragen.

Elias Sanbar: Wenn ich noch für einen Moment die Rolle des Advocatus Diaboli beibehalten darf, möchte ich Ihnen sagen, dass Sie überall recht haben – außer im Falle Palästinas.

Stéphane Hessel: Die Antwort kann nur sein, dass die Geschichte tragisch ist. Leider ist die Geschichte nicht die eines harmonischen Fortschritts, wie Hegel sie gesehen hat. Im 20. Jahrhundert haben Nationalsozialismus, Stalinismus und Maoismus unglaubliche Greuel an Zigmillionen Menschen begangen, und der Wille, eine internationale humane Ordnung zu schaffen, war nicht so erfolgreich, wie es die unterdrückten Völker sich gewünscht hätten. Dennoch: man muss nur an den Zustand der Welt vor dem Zweiten Weltkrieg zurückdenken, um festzustellen, dass es deutliche Fortschritte gegeben hat, auch wenn die Geschichte im Grunde auch weiterhin tragisch ist. Es ist außerordentlich wichtig, die Hände nicht in den Schoß zu legen und zu sagen, es sei doch nichts zu machen; im Gegenteil müssen wir mit aller Kraft unsere Empörung über das Unrecht hinausschreien und unsere Entschlossenheit, eine menschlichere Welt zu schaffen.

Dem palästinensischen Volk werden seine Rechte auf unerträgliche Weise vorenthalten, aber es ist nicht das einzige Volk auf der Welt, das unter dramatischen Bedingungen lebt, und auch nicht das einzige, dem internationale Resolutionen noch wenig genützt haben. Betrachten Sie einmal Burma: Auch zu Burma hat es großartige Resolutionen gegeben; ich kenne sie gut, denn ich war selbst einmal Mitglied der Menschenrechtskommission und verfolge noch heute die Diskussionen dort. Die UNO beschließt, einen Diplomaten nach Rangun zu schicken; er soll von der Junta wenigstens minimale Garantien für die Beachtung der Menschenrechte erreichen, doch es gelingt ihm nicht. Was man ihm antwortet, lässt sich so zusammenfassen: Wir sind die Herren im Haus, und die burmesische Regierung hat zuallererst die Pflicht, der Ordnung und dem sozialen Frieden Respekt zu verschaffen, die durch Oppositionelle wie Aung San Suu Kyi gefährdet sind, wenn man ihnen die Möglichkeit gibt, sich frei zu äußern.

Was also tun? Soll man aus dieser Niederlage der UNO schließen, dass die internationale Gemeinschaft dem burmesischen Volk niemals wird helfen können? Das Gegenteil, glaube ich, ist richtig: immer wieder auf das Thema zurückzukommen und nicht müde zu werden, das Völkerrecht und die Menschenrechte zu verteidigen.

Elias Sanbar: Ich habe Ihnen meine Fragen gestellt, obwohl ich völlig mit Ihnen einverstanden bin. Ich wollte Sie dadurch nur veranlassen auszuführen, was unsere gemeinsame Überzeugung ist. Irgendwann einmal, solange ein Konflikt auch dauert – und unserer ist endlos –, werden diese Texte und Regeln, die bloße Formalien zu sein scheinen, dastehen als die einzigen Bezugspunkte für eine ausgewogene – niemals perfekte, sondern ausgewogene – Lösung, die das Unrecht beendet und erlaubt, auf einer ganz anderen Ebene neu anzufangen. Wir sind deshalb dazu verdammt, diese Prinzipien, auch wenn wir nicht sehen können, dass sie angewandt werden, endlos zu wiederholen, bis sich eines Tages dann doch die Frage erhebt, was Recht, was Gerechtigkeit und was moralisch richtig ist. Dann werden wir froh sein, dass wir diese Resolutionen haben. Sie werden dann das einzige Mittel sein, die Spielregeln zu verändern und die Herrschaft der Macht durch die Sorge um Gerechtigkeit für beide Seiten zu ersetzen.

Stéphane Hessel: Da sind wir einer Meinung, aber man muss wissen, und zwar genau wissen, wer seine Feinde und wer seine Freunde sind. Es gab eine Zeit, da sagte ich mir, dass es eigentlich nur zwei Lager gebe, das der Demokratie und das des Totalitarismus, und natürlich war mein Platz im ersteren. Ich konnte mir da noch nicht vorstellen, wie sehr die Demokratie von Oligarchien der Wirtschaft und des Finanzsektors beherrscht und unterhöhlt wird, für die nichts zählt außer Profit. Sie kümmern weder die Leiden der Menschen noch Angriffe auf fundamentale Menschenrechte noch die Zerstörung des natürlichen Gleichgewichts auf unserem Planeten.

Da es in unseren Demokratien anscheinend nur die Bürger auf der einen und die aus freien Wahlen hervorgegangenen Regierungen auf der anderen Seite gab, glaubten wir, dass die Regierenden den Willen der Bürger umsetzen würden. Doch wir sind uns noch nicht zureichend dessen bewusst, dass es sich eher um eine Dreiecksbeziehung handelt zwischen der Macht von Wirtschaft und

Finanzsektor, den Staaten mit ihren Regierungen sowie den Bürgern. Die Bürger können auf ihre Regierungen Einfluss nehmen, um sie weniger abhängig von jenen Mächten zu machen. Doch die Regierungen haben nicht den Mut, die ihnen von den großen Profiteuren des Systems auferlegten Spielregeln zu ändern.

Wenn ich an den israelisch-palästinensischen Konflikt denke, ist mir klar, dass die Regierungen keine freie Wahl haben; anderenfalls hätten sie schon lange versucht, die internationalen Resolutionen auch anzuwenden. Dies ist schwerwiegender als man denken möchte. Wir können uns alle vorstellen, wie eine gerechte und dauerhafte Lösung aussehen müsste, die Grundsätze dafür sind bekannt; nur müsste das Nahost-Quartett sie anwenden: die Vereinigten Staaten, die Europäische Union, Russland und die Vereinten Nationen. Richtig, aber warum erreicht dieses Quartett nichts? Dazu muss man das Buch von Hervé Kempf über die Oligarchie lesen[39]. Wir leben nicht in einer demokratischen, sondern in einer oligarchischen Gesellschaft, in der ein oder zwei Millionen Menschen von den sieben Milliarden, die wir sind, die Hebel der Macht bedienen. In ihrer hemmungslosen Profitgier kümmern sich diese Oligarchen nicht um unsere Freiheiten, um die Umwelt und das Völkerrecht. Und sie haben ihre Gründe, mehr Sympathie für Israel als für die Palästinenser zu hegen.

Wenn Israel das Völkerrecht nicht respektiert, so liegt das daran, dass die Amerikaner das zulassen. Und wenn die Amerikaner sie gewähren lassen, so liegt das daran, dass es den amerikanischen Finanzmächten gelingt, ihre Interessen in der arabischen Welt zu verteidigen, ohne dass Israel Abstriche machen muss.

Obama hat versprochen, eine neue Seite im Verhältnis zu den arabischen Völkern aufzuschlagen, aber er hat sein Versprechen nicht halten können. Warum? Weil die konservativen Kräfte in den Vereinigten Staaten, auch in seiner eigenen Partei, ihn da-

---

39 Hervé Kempf (geb. 1957) ist ein französischer Journalist, der regelmäßig für *Le Monde* schreibt. Er ist der Verfasser erfolgreicher Bücher, die in viele Sprachen übersetzt worden sind. *L'Oligarchie ça suffit, vive la démocratie* ist 2011 erschienen. *(A.d.Ü.)*

ran gehindert haben. Ich mache hier jetzt erst einmal Schluss, aber ich möchte noch darauf hinweisen, dass es interessant wäre, wenn wir uns einmal den Begriff Apartheid vornähmen, weil Israel, wenn die gegenwärtige Situation anhält, in ein vergleichbares System hineinrutschen könnte. Wir wissen, dass der Begriff Apartheid außerordentlich heikel ist. Zu behaupten, dass das, was sich in Palästina abspielt oder bald abspielen wird, Apartheid ist, stößt auf empörten Protest. Aber leider sieht es so aus. Wie auch immer, für mich ist klar, dass die Palästinenser ernsthaft die Erfahrungen Südafrikas mit der Apartheid analysieren sollten.

Elias Sanbar: So, wie es uns auch inspirieren kann, welchen Weg der Versöhnung man dort gefunden hat.

Stéphane Hessel: Wahrheit und Versöhnung.

Kapitel 4

Wenn der eine lebt, lebt der andere auch

Farouk Mardam-Bey: *Die Resolution 242 des UNO-Sicherheitsrats gilt heute allgemein als die Grundlage für jede vernünftige Lösung des israelisch-arabischen Konflikts, gerade weil sie zwei parallele Schritte vorsieht, die beide verlangen, etwas aufzugeben, um etwas anderes zu bekommen: Israel würde die im Juni 1967 besetzten Gebiete zurückgeben und dafür von den Arabern die ihm bis dahin vorenthaltene Anerkennung erhalten. Nun weiß man, dass diese Resolution von bestimmten betroffenen arabischen Ländern nie anerkannt worden ist, denn ihnen zufolge soll sie einen alten Konflikt auf der Grundlage neu geschaffener vollendeter Tatsachen lösen. Die Palästinenser wiederum haben sie lange Zeit abgelehnt, weil sie nicht ihre besondere Problematik berücksichtigt, die eine nationale ist. Was die Israelis und die Amerikaner anbetrifft, so haben sie von Anfang an versucht, sie ihres Inhalts zu entleeren, indem sie behaupteten, sie verlange nicht die Räumung aller besetzten Gebiete, sondern nur eines Teils davon, dessen Umfang zu verhandeln sei. Schließlich wurde 1991 ein Friedensprozess eingeleitet, dessen Befürworter sich auf die UNO-Resolutionen beriefen, ohne jedoch ihren Inhalt zu präzisieren. Er führte zwei Jahre später zu den Osloer Abkommen zwischen Israel und der PLO, in denen alle wesentlichen Fragen ausgeklammert waren: die Siedlungspolitik, die Grenzfrage, Jerusalem, die Flüchtlingsproblematik … Und wie es dann weiterging, ist bekannt.*

Wenn Sie die Resolutionen und den Friedensprozess heute betrachten, worauf führen Sie zurück, dass der Friedensprozess in einer Sackgasse steckt? Glauben Sie, dass eine Zwei-Staaten-

Lösung, also die Schaffung eines palästinensischen Staates an der Seite Israels im Westjordanland, in Gaza und in Ostjerusalem, trotz der Ausdehnung der jüdischen Siedlungen noch immer eine Option ist? Ist ein binationaler Staat ernsthaft vorstellbar, der etwas anderes wäre als ein Groß-Israel mit ethnischer Trennung? Und noch eine letzte Frage: Die arabische Welt ist seit Dezember 2010 in Aufruhr. Viele Millionen Männer und Frauen fordern allenthalben Freiheit, Menschenwürde und soziale Gerechtigkeit. Welche Konsequenzen ergeben sich Ihrer Meinung nach daraus für Israel?

Stéphane Hessel: Vierundvierzig Jahre sind seit dem Sechstagekrieg vergangen, während derer keine der israelischen Regierungen letztlich akzeptiert hat, was die Vereinten Nationen von ihnen verlangten und was man in der Formel »Land gegen Frieden« zusammenfassen kann: Zurückgabe der 1967 von Israel eroberten Territorien an die Araber, Anerkennung des Rechts Israels, in Frieden zu leben, durch die Araber.

Israel hat einen erdrückenden militärischen Sieg in einem Krieg errungen, für den es nur zum Teil verantwortlich war, aber es hat seitdem keine Rücksicht auf irgendeinen der Texte genommen, die die Vereinten Nationen in dem Versuch verabschiedet haben, den israelisch-arabischen Konflikt zu beenden.

Dieser Konflikt ist nie beigelegt worden, weil die israelischen Regierungen permanent gegen das Völkerrecht verstoßen haben. Der erste Verstoß: die Besatzung. Der zweite Verstoß: die Siedlung. Der dritte Verstoß: die repressiven Maßnahmen gegen die Bevölkerung. Die Resolutionen der UNO sind tote Buchstaben geblieben, ebenso wie die Genfer Konventionen mit ihren Zusatzprotokollen, in denen die Verantwortung einer Besatzungsmacht gegenüber der Bevölkerung des besetzten Landes festgeschrieben ist.

Zuerst haben die Israelis also das Westjordanland und Gaza besetzt, Gebiete, die ihnen nicht gehören. Bekanntlich haben sie sich danach den kleinen Unterschied zwischen der französischen und der englischen Version der Resolution 242 zunutze gemacht (Rückzug »aus *den* besetzten Gebieten« in der französischen, »aus besetzten Gebieten« in der englischen Version), um zu behaupten, diese Gebiete seien nicht besetzt, sondern umstritten, weshalb sie in bestimmten Teilen der Gebiete bei sich zuhause seien.

Für mich gibt es keinen Zweifel daran, dass nur die französische Version der Logik der Resolution 242 entspricht, deren Präambel klar die gewaltsame Aneignung von Territorien zurückweist, was bedeutet, dass Israel sich aus dem gesamten Westjordanland und dem Gazastreifen, also hinter seine Grenzen vom 4. Juni 1967 zurückzuziehen hat.

Ich füge hinzu, dass die Grenzen von 1967 nicht dem Teilungsplan der UNO entsprachen, da Israel sich zwischen der Annahme des Teilungsplans und der Erklärung der Staatsgründung gewaltsam ausgedehnt hat. In gewisser Weise stellen die Resolutionen 242 und 338 einen neuen Teilungsplan dar, der Israel diesmal 78% des ehemaligen Mandatsgebiets Palästina überlässt. Doch Israel gibt sich damit nicht zufrieden. Nach der Unterzeichnung der Osloer Verträge hatte man einen Augenblick lang den Eindruck, dass einzelne israelische Regierungspolitiker wie Schimon Peres[40] oder Jitzchak Rabin[41] ernsthaft eine Verständigung mit den Palästinensern wollten, doch bald musste man diese Hoffnung wegen der Fortsetzung der Siedlungspolitik in Jerusalem und im Westjordanland aufgeben. Seitdem sind immer mehr Menschen auf der ganzen Welt der Meinung, dass die Palästinen-

40 Schimon Peres (geb. 1923) ist einer der wichtigsten israelischen Politiker. Er war Vorsitzender der Arbeitspartei, mehrfach Minister, dreimal Ministerpräsident und ist seit 2007 Staatspräsident. 1994 erhielt er zusammen mit Jassir Arafat und Jitzchak Rabin für die ersten Schritte im Friedenprozess den Friedensnobelpreis. *(A.d.Ü.)*

41 Jitzchak Rabin (1922–1995) war ein israelischer General und Kriegsheld, im Sechstagekrieg war er Chef des Generalstabs. 1974 wurde er erstmals Ministerpräsident. Nach 1990 wurde Rabin zu einem energischen Vertreter der Friedenspolitik, seit 1992 als Ministerpräsident. Die Fortschritte der Friedenspolitik brachte die nationalistische Rechte zunehmend gegen ihn auf. Am 4. November 1995 wurde er während einer großen Friedenskundgebung von einem rechtsradikalen Israeli ermordet. *(A.d.Ü.)*

ser ein Volk sind, das unter fremder Besatzung lebt und das Recht hat auf Unabhängigkeit und Souveränität in einem Staat an der Seite Israels – das Recht hat auf 22% des ehemaligen Mandatsgebiets, also des gesamten Westjordanlands und des Gazastreifens mit Ostjerusalem als Hauptstadt.

Elias Sanbar: Ausgangspunkt des am 30. Oktober 1991 auf der Konferenz von Madrid begonnenen Friedensprozesses waren die beiden UNO-Resolutionen 242 und 338. Diese beiden Texte wurden als »Referenztexte« der Verhandlungen betrachtet. Natürlich gab es die alte Debatte – Sie haben vorhin an sie erinnert – über die englische und die französische Version, doch es war der amerikanische Präsident, der im Namen seines Landes als des »Schirmherren des Prozesses« das Ziel der Verhandlungen festlegte: »Land gegen Frieden«. Diese Formel hatte den Vorteil, dass sie anscheinend den Erwartungen der betroffenen Parteien enstprach, ohne den Prozess auf eine allzu genaue Lektüre der Resolutionen 242 und 338 festzulegen. Trotz aller Differenzen im Einzelnen war das, sagen wir, »offizielle« Ziel des Prozesses einerseits Friede für Israel und andererseits ein palästinensischer Staat in den Grenzen der 1967 von Israel eroberten Gebiete.

So betrachtet, schien die Sache klar zu sein. Anders sah es allerdings in der Praxis aus, und ich möchte dazu einige »Schwächen« der Verhandlungsprozedur nennen, die zugleich Handicaps für die Palästinenser waren. Die von der amerikanischen Diplomatie festgelegte Vorgehensweise machte die Verhandlungen abhängig vom guten Willen der Israelis. Die Amerikaner beschlossen, dass die Palästinenser – anders als die anderen arabischen Delegationen (Jordanien, Syrien und Libanon) die von vornherein endgültige Friedensverträge aushandeln konnten – zunächst über ein Zwischenabkommen für eine Übergangsperiode zu verhandeln hatten. An deren Ende sollte die »andere« Verhandlung stehen, die über die endgültigen Abkommen. Damit gaben sie Israel eine schreckliche Waffe in die Hand, nämlich die der Zeit.

Die israelischen Unterhändler konnten die Übergangsperiode endlos verlängern, wenn sie nur behaupteten, die Palästinenser erfüllten nicht die für den Eintritt in die Schlussphase der Verhandlungen erforderlichen Bedingungen. Was sie übrigens seit nunmehr zwanzig Jahren tun, während derer sie in Salamitaktik die Übergangsperiode in immer neue Abschnitte unterteilt haben, aus denen ebensoviele neue »Überprüfungen« wurden, die die Besatzungsmacht als selbsternannter Prüfer den unter ihrer Besatzung Lebenden auferlegte …

Indem die amerikanische Diplomatie überdies bestimmte, dass die delikatesten und explosivsten Fragen – die Jerusalemfrage, die Flüchtlingsfrage, die Frage der Siedlungen und die der Grenzziehung – erst in der Schlussphase behandelt werden sollten, legte sie für die Palästinenser ebensoviele Zeitbomben. Eine Verlängerung der Übergangsphase kam zur anderen, und so wurde die Entscheidung über die wichtigen Fragen immer komplizierter, wenn nicht unmöglich. Und während dieser Zeit ereichte die Zahl neuer jüdischer Siedlungen und konfiszierter palästinensischer Grundstücke einen Höhepunkt.

Natürlich fragt man sich zweierlei. Erstens: War den Amerikanern, als sie die »Spielregeln« für diese Verhandlungen festsetzten, bewusst, dass diese die Entstehung eines palästinensischen Staates außerordentlich erschweren würden? Diese Frage hat mich während der Verhandlungen, an denen ich jahrelang teilgenommen habe, verfolgt. Und ich bin zu folgender Antwort gelangt: Während sie permanent ihre Unterstützung für die Zwei-Staaten-Lösung verkündeten, wollten die Amerikaner in Wahrheit, dass kein völlig souveräner Staat, sondern nur ein weitgehend autonomes Gebilde im Westjordanland und im Gazastreifen entstehen sollte. Diese Option erklärt auch das Prinzip der Übergangsperiode. Im Unterschied zu dem von George Bush senior verkündeten Prinzip »Land für Frieden« war der tiefere Sinn des Verfahrens, die Übergangsregelungen mittels der fortwährenden Verschiebungen zum *definitiven* Status zu machen.

Die zweite Frage ist die: Warum haben die Israelis einerseits die Verträge von Oslo unterzeichnet und andererseits – die linke Arbeiterpartei ebenso wie die Rechte – die tentakelartige Ausbreitung der Siedlungen zugelassen und so einen wirklichen Friedensschluss unmöglich gemacht?

Der Sinn dieser zweiten Frage wird klarer, wenn man sie mit der ersten zusammenbringt, der nach dem Sinn der »Spielregeln« der Verhandlungen: Auch Israel wollte keinen unabhängigen palästinensischen Staat, sondern die Entstehung eines weitgehend autonomen Gebildes an seiner Seite, das ihm die Verfügungsgewalt über das Land belassen, aber den Alltag der palästinensischen Bevölkerung organisieren würde. »Land gegen Frieden« bedeutete in Wahrheit also »Annexion gegen Selbstverwaltung der palästinensischen Bevölkerung«.

Gleichwohl haben die Dinge nicht ihren vorgezeichneten Verlauf genommen. Die Verhandlungen waren zeitweise hektisch, und sie wurden von Unruhen, Gefechten und auch Attentaten begleitet.

Ein israelischer Premierminister, Jitzchak Rabin, hat die Friedensverhandlungen als solche ernstgenommen und war entschlossen, die Zwei-Staaten-Lösung umzusetzen. Dies kostete ihn im Herbst 1995 das Leben. Danach haben die Israelis eine harte Rechtsregierung gewählt, woraufhin die Palästinenser eine Art Bürgerkrieg durchgemacht haben, der damit endete, dass die islamistische Hamas-Bewegung die Kontrolle über den Gazastreifen übernahm. In derselben Zeit wechselten sich die amerikanischen Präsidenten ab: Bill Clinton und Barack Obama waren nicht dasselbe wie George Bush junior und so weiter …

Wenn man von dem ausgeht, was ein erster Überblick über diese Verhandlungen aufzeigt, und wenn man die Lehren zieht aus zwanzig Jahren Friedensprozess, die zu nichts geführt haben, muss man dann nicht zu dem Ergebnis gelangen, dass es ein tragischer politischer Fehler war, einer Verhandlungslösung für den Konflikt zuzustimmen?

Ich glaube das nicht. Nicht nur, weil eine Verhandlungslösung weiteres Blutvergießen vermeiden könnte oder weil man eine richtige Entscheidung nicht mit dem Verfahren verwechseln darf, das ihre Realisierung unmöglich gemacht hat. Sondern weil die Unterzeichnung der Osloer Abkommen am 13. September 1993 trotz allem ein historischer Bruch war. An diesem Tag tauschten Jitzchak Rabin und Jassir Arafat einen kurzen Brief aus, der die wechselseitige Anerkennung von Israelis und Palästinensern festhielt. Dieses Dokument, das nicht mehr Text umfasste als eine Seite, beendete die *wechselseitige Leugnung der Existenz*. Das heißt, Stéphane, es ist keineswegs bedeutungslos, wenn Israel heute zugibt: Unser Verhandlungspartner ist ein Volk.

Damit sind wir bei dem angelangt, worum es die ganze Zeit ging: dem Ende einer langen Abwesenheit. Wir sind noch lange nicht beim Frieden angelangt, und das Recht harrt noch seiner Anwendung, aber es existieren nur noch wenige Menschen, die behaupten »es gibt keine Palästinenser«. Gleich ob sie gefeiert oder verdammt werden, Palästina und die Palästinenser haben ihre verlorenen Namen wiedererlangt, es gibt sie einfach.

Stéphane Hessel: Das Wort Palästina hat im Völkerrecht eine neue Bedeutung erlangt. Es ist das Land der Palästinenser, die ein Recht auf einen eigenen Staat haben. Die Flüchtlinge sind Palästinenser, und die im Dezember 1948 von der Generalversammlung der UNO angenommene Resolution 194 ist eindeutig: Man muss den Flüchtlingen, die es wünschen, erlauben, sobald wie möglich an ihre Wohnstätten zurückzukehren, und denjenigen, die dies nicht wünschen, eine Entschädigung zahlen. Natürlich ist das kompliziert, natürlich muss darüber verhandelt werden, natürlich wird es Kompromisse geben, aber diese Resolution ist die juristische Grundlage für jede Verhandlung.

Und weiter: Das Völkerrecht erkennt die Annexion von Ostjerusalem nicht an. Die Palästinenser haben das Recht, es als Hauptstadt ihres künftigen Staats zu betrachten oder zu sagen, dass Jerusalem die Hauptstadt beider Staaten, des israelischen und des palästinensischen, sein soll.

Dennoch sind für viele Menschen weltweit einige Fragen noch nicht geklärt: Wer spricht im Namen dieses Palästina? Sind alle Palästinenser damit einverstanden, dass Palästina dieser winzige Staat im Westjordanland und in Gaza sein soll, der nicht mehr als 22% des ehemaligen Mandatsgebiets umfasst? Sind sie alle bereit, Westjerusalem als Hauptstadt Israels zu akzeptieren? Haben sie wirklich den Vorsatz aufgegeben, das ganze historische Palästina vom Jordan bis zum Meer zurückzuerobern? Den Israelis ist es zweifelsohne gelungen, unter den Amerikanern, aber auch unter vielen Europäern Misstrauen zu säen.

Arafat hat bereits 1989 deutlich gemacht, dass die Artikel in der Charta der PLO, in denen das ganze historische Palästina beansprucht wird, »hinfällig« sind. Er hat die UNO-Resolutionen als Grundlage für eine endgültige friedliche Lösung der Palästinafrage anerkannt. Nach den Osloer Abkommen hat er die Existenz Israels in den Grenzen von 1967 offiziell anerkannt. Doch man fragt uns: Woher sollen wir wissen, ob er das ehrlich gemeint hat? Sind seine Nachfolger ehrlich? Und wenn man einmal davon ausgeht, dass sie es sind, hat Israel dann nicht immer noch allen Grund, sich vor einer islamistischen Bewegung wie der Hamas zu hüten oder vor der bis an die Zähne bewaffneten und gut ausgebildeten Hisbollah im Libanon, die ihre radikale Feindschaft gegen Israel nicht verhehlt?

Dies sind Scheinargumente, hinter denen die Absicht steckt, die weiteren Stufen des Friedensprozesses hinauszuzögern und Zeit zu gewinnen für die Fortsetzung der Siedlungspolitik, Zeit, um die Gründung eines palästinensischen Staats zu verhindern, der diesen Namen verdient.

Erinnern wir uns an das, was 2006 passiert ist: Es existiert eine palästinensische Autonomiebehörde, die von Israel, den Amerikanern und den Europäern anerkannt ist. Diese Behörde organisiert Wahlen, die auf völlig reguläre Weise unter internationaler Aufsicht ablaufen. Die Hamas gewinnt die Wahlen. Das war nicht gerade, was wir uns wünschten, aber der Sieg der Hamas war demokratisch und eindeutig. Statt das Wahlergebnis anzuerkennen und die Hamas zu ermuntern, sich weiterzuentwickeln, hat man jedoch diesen Umstand benutzt, um die Palästinenser dafür zu bestrafen, dass sie schlecht gewählt hatten: um Zwietracht zu säen zwischen der Hamas und der Autonomiebehörde und um die Verpflichtungen der internationalen Gemeinschaft gegenüber Palästina zurückzunehmen.

Elias Sanbar: Niemand verlangt die totale Homogenität, die hier zur Vorbedingung gemacht wird, von irgendeiner anderen Gesellschaft, angefangen mit der israelischen. Anders als allen Gesellschaften, in denen eine Vielfalt der politischen Strömungen, darunter die unsympathischsten, der Normalfall ist, wird den Palästinensern permanent vorgeworfen, dass sie nicht alle »wie ein Mann« denken und handeln. Die Palästinenser sehen in dem, was von ihnen verlangt wird, nur ein Alibi, um ihnen weiter ihre legitimen Rechte vorenthalten zu können und die Anwendung dieser Rechte immer weiter hinauszuschieben. Ein Volk von zwölf Millionen soll keine vielfältige Gesellschaft voller Widersprüche sein, sondern eine Organisation, die ohne die geringsten Dissonanzen mit einer Stimme spricht, den Israelis Sicherheit gibt und ihre Ängste beruhigt. Manchmal fragen wir uns, ob man von uns nicht auch noch die Garantie verlangt, dass wir auf ewig nur positive Gefühle haben werden …

Zur Ergänzung möchte ich noch von einer Begebenheit erzählen. Sie hat sich während einer von unserer Freundin [der Schriftstellerin und Journalistin (*A.d.Ü.*)] Laure Adler moderierten Fernsehsendung zugetragen. Sie hatte den israelischen Schriftsteller David Grossman und mich eingeladen. Ich habe schon seit Jahren eine herzliche und freundschaftliche Beziehung zu David Grossman, was sich auch in der Diskussion zeigte, so dass Laure Adler am Ende der Sendezeit meinte: »Ich höre Ihnen die ganze

Zeit zu. Sie geben sich gegenseitig fast in allem recht, und ich sehe nicht, was noch dazukommen muss, damit der Konflikt gelöst werden kann.« Ich antwortete ihr: »Das kann ich Ihnen in wenigen Worten sagen: Die Israelis wollen nicht nur, dass wir mit ihnen einer Meinung sind; sie wollen, dass wir sie lieben.« Dem fügte Grossman ohne zu zögern hinzu: »Das stimmt.«

Stéphane Hessel: Wir müssen hier ein für allemal unterscheiden zwischen dem, was Völkerrecht ist, das klar sagt, was legitim ist und was nicht, und was Stimmungen in der Bevölkerung sind, die vielleicht Angst hat, die frustriert oder mutlos ist. Auf solchen Stimmungen können wir keinen dauerhaften Frieden zwischen den Nationen aufbauen. Man sagt mir: »Aber dieses Völkerrecht, ist es denn selbst legitim? Die Charta der Vereinten Nationen, die Resolutionen des Sicherheitsrats – es sind doch die mächtigen Staaten, die es in ihrem Interesse fanden, sie annehmen zu lassen. Dein Völkerrecht ist eine nicht sehr glaubwürdige Konstruktion, es hängt doch vom Willen der Amerikaner, der Russen, der Chinesen ab ...« Andere fügen hinzu: »Es gibt 193 Mitgliedsstaaten der Vereinten Nationen. Wieviele von ihnen sind wirkliche Demokratien? Zwanzig vielleicht oder dreißig, nicht mehr. Wir im Westen empfinden doch ähnlich wie Israel, das letztlich auch ein westliches Land ist. Die Araber, die Muslime, empfinden anders als wir, sie lehnen unsere Lebensweise ab, und wir sollten uns, wenn es um sie geht, nicht um das Völkerrecht kümmern, sondern um diese unterschiedlichen Einstellungen.« Ich bin überzeugt davon, dass diese Art zu denken sehr gefährlich ist. Die Welt würde zugrundegehen, wenn es kein Minimum von stabilen Regeln mehr gäbe, die alle Staaten einhalten.

Elias Sanbar: Dass die Palästinenser diese Regeln akzeptiert haben, ist nicht von einem Tag auf den anderen geschehen. Nicht dass sie grundsätzlich etwas gegen Regeln gehabt hätten oder rechtsfreie Räume bevorzugten, sondern weil die Herrschaft des

Rechts anzuerkennen auch bedeutet, die Unvollkommenheit seiner Anwendung zu akzeptieren. Angesichts dessen, dass die Texte Prinzipien verkünden, die absolut gelten, und ein Rechtsbruch stets als absolutes Unrecht erlebt wird, ist es schwer einzusehen, dass die Anwendung des Rechts bis heute weit davon entfernt ist, vollkommen zu sein. Es war für die Palästinenser ein langer Weg dahin zu akzeptieren, dass ein im Grundsatz anerkanntes Recht *in der Anwendung* stets unvollkommen ist. Es war ein langer Prozess, der mit Kämpfen und Auseinandersetzungen einherging, mit der Herausbildung eines veränderten Bewusstseins und der Einsicht, dass stets ein Graben den Text des Rechts von der Realität trennt.

Zu dieser Einsicht ist der palästinensische Nationalrat, das Exilparlament Palästinas, am 15. November 1988 in Algier gelangt. An diesem Tag haben wir nach nächtelangen Debatten sowohl für die Proklamation des Staates Palästina *als auch* dafür gestimmt, dass der Konflikt auf der Basis der UNO-Resolutionen 242 und 338 mit diplomatischen Mitteln gelöst werden sollte.

Was bedeutete dieses Votum? Etwa, dass die Palästinenser, indem sie die Idee zweier Staaten, die in Frieden und Sicherheit Seite an Seite existieren, akzeptierten, damit auch anerkannten, dass Palästina nicht ihre Heimat war? Es bedeutete alles andere als das. Der tatsächliche historische Kompromiss, zu dem es an diesem Tag gekommen ist, bestand darin: Die Palästinenser akzeptierten das Faktum, dass der Frieden nur um den Preis zu erlangen war, dass ihr Staat *nicht auf dem gesamten Territorium ihres historischen Heimatlands* errichtet würde. Ich glaube nicht, dass die Israelis, auch wenn sie mehrheitlich die Zwei-Staaten-Lösung zu akzeptieren versichern, schon soweit sind zu sagen, welches *ihr* historischer Kompromiss sein wird. Man wird mir sagen, dass dies auf das Sicherheitsbedürfnis und die Ängste zurückzuführen ist, von denen wir schon gesprochen haben. Und auch auf die Illusion mancher Leute, man könnte das Inkrafttreten der Verträge, die Stunde der Wahrheit, immer weiter hinausschieben, dank der militärischen Überlegenheit und wegen der fundamentalistischen religiösen Überzeugungen anderer und so weiter. Kurz, an Argumenten mangelt es nicht.

Ich bleibe jedoch dabei, dass die illusorische Vorstellung zahlreicher Israelis, sie könnten noch ein Vielfaches von vollendeten Tatsachen vor Ort schaffen, um Zeit zu gewinnen und das Inkrafttreten der Verträge auf den Sankt Nimmerleinstag zu verschieben, durch die juristische Folgenlosigkeit des israelischen Vorgehens genährt wird.

Dieses Problem, also das der Straffreiheit, der ausbleibenden Sanktionen, ist keineswegs sekundär, und die Freunde Israels, die daran mitwirken, den derzeitigen Stand der Dinge zu verewigen, helfen Israel nicht wirklich. Keine historische Konstellation ist unveränderbar, und es kann ein böses Erwachen geben. Man hört oft Meinungen wie »Israel steht über den Gesetzen«. Das ist nicht ganz richtig, In Wahrheit *denkt* Israel, es stehe über den Gesetzen, und es handelt in der Überzeugung, dass ihm niemals die Rechnung aufgemacht werden wird, einer Überzeugung, die durch das Entgegenkommen – aus falsch verstandener Freundschaft – seiner heute so mächtigen Bundesgenossen genährt wird.

Stéphane Hessel: Es ist nicht akzeptabel, wenn Staaten, die von sich sagen, sie seien Rechtsstaaten, das Recht nach Gutdünken interpretieren. Amerikaner und Europäer – und es sind in diesem Fall nicht wenige – sagen uns: »Wir respektieren das Völkerrecht, aber es gibt Situationen, in denen sehen wir uns verpflichtet, unsere vitalen Interessen zu verteidigen, und dies ist unmöglich, wenn wir die herrschenden Regeln nicht brechen.« Ich glaube, wenn man anfängt – gleich unter welchem Vorwand – den Rahmen des Rechts zu verlassen, läuft man Gefahr, tiefgreifende Verwerfungen auszulösen, möglicherweise sogar weltweit. Der Friede zwischen den Völkern hängt von einer strikten Anwendung des Völkerrechts ab, ob es dabei nun um Israel und sein Verhältnis zu den Palästinensern geht, um den Irak von Saddam Hussein oder um die Taliban in Afghanistan.

Elias Sanbar: Man sagt uns heute eher als früher: »Ja, die Palästinenser haben Rechte, ja, sie sind die Opfer«, doch dann fügt man gleich hinzu: »Doch die anderen sind ja auch keine Unmenschen.«

Dies bringt uns zu der Frage der Verantwortung in der Politik, zu einer der Grundlagen des Rechts, die besagt, dass man für seine Taten zur Verantwortung gezogen werden kann. Tatsächlich war und ist die dauernde Beanspruchung der Opferrolle durch Israel die unverzichtbare Bedingung dafür, dass es ihm noch jedes Mal gelungen ist, internationalen Sanktionen zu entgehen. Nach jedem Übergriff der Besatzungsmacht heißt es, man müsse doch verstehen – nicht gutheißen, sondern lediglich verstehen –, dass so etwas vorkommen kann, denn: »Man darf nie vergessen, dass Israel fortwährend in seiner Existenz bedroht ist, und die Israelis leben dauernd in Angst«. So kommt es, dass die Besatzung und die mit ihr einhergehenden vielfältigen Rechtsverstöße auf der internationalen Bühne zwar nicht gutgeheißen werden, aber doch auf eine merkwürdige Art von Verständnis treffen.

Auch wenn die Staatsapparate – jedenfalls die meisten – weiterhin solch ein Verhalten an den Tag legen, so muss man doch sagen, dass dies innerhalb der Gesellschaften immer weniger der Fall ist. Die palästinensische Sache hat in der öffentlichen Meinung viel Unterstützung gewonnen, während die bedingungslose Unterstützung Israels bröckelt. Die öffentliche Meinung beginnt endlich einzusehen, dass den Palästinensern ihre Rechte zugestanden werden können, ohne dass dies automatisch ein Schaden für Israel ist. Ausgehend davon, dass das Schicksal beider Völker im Guten wie im Bösen nicht voneinander zu trennen ist, hat Rachel Mizrahi den schönen Roman, den sie geschrieben hat, *L'un meurt, l'autre aussi* (*Wenn der eine stirbt, stirbt der andere auch*) genannt. Dem kann man heute hinzufügen: Wenn der eine lebt, lebt der andere auch.

Völlig neu ist, dass sich bei manchen Leuten, die stets auf der Seite Israels gestanden haben, heute das Gefühl einstellt, dass Israel dabei ist, eine Grenze zu überschreiten, und dass sie es deshalb vor sich selbst, vor einer langfristig selbstmörderischen Politik schützen müssen. Nichtsdestoweniger steckt der Friedensprozess auch weiterhin in der Sackgasse, vor allem wegen der Feigheit der Vereinigten Staaten und ihrer Rücksichtnahme auf die Mehrheits- und Machtverhältnisse »zuhause«, aber auch wegen des völlig fehlenden Ehrgeizes der anderen Mitglieder des Nahost-Quartetts, die weiterhin nur die Rolle von den Vereinigten Staaten bestellter Statisten spielen.

Die arabische Welt ist in Bewegung geraten, doch die Zukunft der Demokratie im Nahen Osten hängt nicht allein davon ab, was sich in Tunesien, im Jemen, in Libyen, in Ägypten und in Syrien ereignet, sondern auch von einer gerechten, ausgewogenen und dauerhaften Lösung des Palästinenserproblems.

Stéphane Hessel: So groß auch die Bedeutung – ja, für uns und alle Menschen guten Willens die entscheidende Bedeutung – der Situation Palästinas ist, so ist dies doch nicht das einzige Problem, das die Weltgesellschaft heute bewegt. Die ganze Welt ist an einem entscheidenden Punkt angelangt, an dem der Respekt vor dem Recht wichtiger ist als alles andere. Das Völkerrecht natürlich, aber auch die politischen, wirtschaftlichen und sozialen Rechte aller Völker der Welt und aller Bürger. Die Lösung der Probleme im Südsudan, in Burma und in Palästina hängt davon ab, dass die Bürger dieser Welt sich ihrer Rechte bewusst werden. Sie hängt von der Politik ab, die sie von ihren Regierungen einfordern, von der neuen globalen Vision einer harmonischen, im Gleichgewicht befindlichen Welt. Ich glaube, dass wir uns auf Abwege begeben, wenn wir die Lösung des Palästinaproblems zur Vorbedingung machen – und wir alle sind versucht, dies zu tun – für die Lösung der anderen Probleme. Die Palästinafrage erregt bekanntlich große irrationale Leidenschaften, aber sie kann nur auf der Grundlage desselben Rechts gelöst werden wie die anderen Konflikte. Man darf sie nicht über Gebühr zu etwas Besonderem erklären; im Gegenteil, man muss sie zum Teil der globalen Vision machen, die wir alle so nötig haben. In diesem einundzwanzigsten Jahrhundert können die Menschen nicht länger akzeptieren, dass ihre Rechte zugunsten privater, vor allem finanzieller Interessen mit Füßen getreten werden. Es muss heute zu einer globalen Veränderung der Mentalitäten kommen. Dies ist die Bedingung für die Lösung aller Konflikte auf der Welt einschließlich des israelisch-palästinensischen.

Elias Sanbar: Die Idee ist richtig und das Prinzip nützlich: dass dieselben Regeln, die in der ganzen Welt gelten, auch in Israel und Palästina angewandt werden müssen. Ich sage, dies Prinzip ist richtig, und ich füge hinzu, es ist nützlich. Ich glaube das wirklich, denn seine Anwendung hätte den riesigen Vorteil, den Konflikt banaler zu machen und ihm seinen »Ausnahmecharakter« zu nehmen, dem er seine schlimme Verklärung zum »Konflikt schlechthin« verdankt.

Was ihn einzigartig gemacht hat, ist seine Dauer. Er ist zum Resonanzboden für unendlich viele Fragen geworden und zum Geschwür, auf das die unterschiedlichsten Schmerzen zurückgeführt werden. Man kann guten Gewissens behaupten, dass eine gewisse »Banalisierung« des Konflikts für beide Seiten das Beste ist, was passieren kann. Nicht um irgendein Leid zu leugnen – im Gegenteil, denn um wenigstens *teilweise* zu einer Lösung zu gelangen, darf man nicht träumen oder sich zu Leidenschaften oder gar einem mörderischen Wahn hinreißen lassen. Diese »Normalität« würde sich so ausdrücken lassen: Dasselbe Recht, das anderswo angewandt wird, soll auch hier Anwendung finden.

Könnten wir nicht – ich sage das als Laie, der den Glauben anderer respektiert – können wir nicht zwischen göttlicher und menschlicher Souveränität unterscheiden? Können wir nicht auf die Legitimation durch vorgeblich jahrtausendealte Genealogien verzichten? Können wir nicht die Geschichte behandeln, ohne dabei von Mythen besoffen zu sein? Ich könnte die Liste meiner Fragen noch endlos verlängern, aber das Wesentliche ist gesagt.

Die Existenz von Haltungen und Positionen, wie sie sich in solchen Fragen ausdrücken, ist kein frommer Wunsch mehr oder das Vorrecht einiger weniger Individuen. Es gibt heute eine regelrechte Menschenkette von Palästinensern und Israelis, die das Gespräch darüber aufrechterhalten.

Ich konnte vorhin, als Sie sprachen, lieber Stéphane, nicht umhin, an etwas zu denken, was ich bei unserer ersten Begegnung gesagt habe. Ich habe da von unseren Eltern erzählt, die uns über die Jahre des Zweiten Weltkriegs sagten: »Das waren glückliche Jahre, denn die Welt war anderswo beschäftigt und hatte uns vergessen.«

Stéphane Hessel: Ich habe vorhin gesagt, dass wir in einem globalen Zusammenhang denken müssen. Die Welt muss sich ändern, und wenn sie endlich ihre wahren Werte verstanden hat, die in der Charta der Vereinten Nationen und in der Allgemeinen Menschenrechtserklärung niedergelegt sind, werden alle Konflikte nach und nach verschwinden. Doch bevor wir dies erreichen, sind Veränderungen auf regionaler Ebene möglich. Nehmen wir zum Beispiel den Nahen Osten. Dort versuchen die Völker in Ägypten, im Jemen oder in Syrien, neue Wege zu gehen. Dies könnte die Israelis anregen, dasselbe zu tun und sich zu fragen, ob sie gut regiert werden und ob Frieden mit ihren Nachbarn nicht dem Krieg vorzuziehen ist. Vielleicht nehmen sie dann endlich die Mängel ihrer Demokratie wahr und verstehen, dass es in ihrem Interesse liegt, mit den Arabern eine gemeinsame Zukunft zu bauen.

Wenn Rabbiner wie die, von denen kürzlich in der Zeitung zu lesen war, in einem Buch über die Tora schreiben, dass es Juden erlaubt ist, »Gojim« zu töten, weil diese von Natur aus nicht als Mitmenschen gelten können, dann ist das, so bin ich sicher, für die Mehrheit der Israelis ein Skandal. Wir müssen darauf hoffen, dass die Bürger Israels sich bewusst werden, dass sie zu lange von Politikern regiert worden sind, die sie in eine Sackgasse geführt haben, weil sie sich ein Zusammenleben mit anderen nicht vorstellen können.

Elias Sanbar: Die Natur eines zukünftigen Staats steht heute im Mittelpunkt einer großen Debatte unter den palästinensischen Intellektuellen und politisch Engagierten. Diese Diskussionen sind deshalb so leidenschaftlich, weil die 22% des ehemaligen Mandatsgebiets, die im Prinzip dem künftigen Palästinenserstaat zugeschlagen worden sind, mittlerweile durch die israelische Siedlungspolitik weiter geschrumpft sind, weil das Land durch die israelischen Umgehungsstraßen zerschnitten und weil viel Land für den Bau der Mauer konfisziert worden ist. Gibt es deshalb nur die Perspektive einer Versöhnung im Rahmen eines einzigen Staats, eines binationalen Staats auf dem gesamten Boden des historischen Palästina? Was halten Sie von dieser Idee, die heute die Diskussionen beherrscht?

Stéphane Hessel: Die ganze Welt ist, in Übereinstimmung mit dem Völkerrecht, dieser Meinung: Es muss einen palästinensischen Staat in den Grenzen von 1967 geben; die israelischen Siedlungen in den besetzten Gebieten sind illegal und müssen abgerissen werden. Dies ist im Gazastreifen geschehen – warum soll es also im Westjordanland unmöglich sein? In dem Augenblick, in dem es einen palästinensischen Staat gibt, einen kleinen, vielleicht auch winzigen, aber unabhängigen und souveränen Staat, kann dieser mit seinem Nachbarn, dem israelischen Staat, intensive Beziehungen und eine umfangreiche Kooperation aufnehmen, und mit der Zeit werden die beiden Staaten, wenn die Dinge sich entsprechend entwickeln, vielleicht sogar eine Art Föderation gründen. Dies mag angesichts der Bitterkeit des Konflikts zwischen den beiden Völkern völlig utopisch erscheinen, doch ist dies letztendlich schwieriger als die Versöhnung zwischen Frankreich und Deutschland? Diese verdankt sich dem Aufbau Europas. Die israelisch-palästinensische und israelisch-arabische Versöhnung wird vielleicht im Rahmen des Aufbaus eines neuen demokratischen Nahen Ostens zustandekommen, in dem alle Völker und alle ethnischen und religiösen Gemeinschaften zusammenleben, mit gleichen Rechten und gleichen Pflichten.

Dies bringt mich zu der Frage zurück, die wir noch nicht beantwortet haben – und jetzt hätte ich gern, dass auch Israelis bei uns säßen. Es gibt Israelis, denen es Angst macht, dass ihr Staat Monat für Monat an internationalem Ansehen verliert. Die äußerst brutale Militäroperation »Gegossenes Blei« gegen den Gazastreifen 2008 und 2009 hat das Image ihres Staates weiter verdüstert. Die Israelis wissen, dass das Ausbleiben von Sanktionen nicht mit Respektabilität zu verwechseln ist.

Aber wie soll man erreichen, dass eine Mehrheit von Israelis diese Gefühle teilen und nicht länger den Parteien vertrauen, die keine Vorstellung von der Zukunft haben, sondern nur Tag für Tag Zeit zu gewinnen suchen?

Leute, die aus Palästina zurückkommen, sagen mir: »Was wollen Sie eigentlich? Mit diesen Palästinensern kann man nicht zusammenarbeiten. Man muss nur in ihre Schulen gehen: Da gibt es nirgends eine Landkarte mit einem Staat, der sich Israel nennt. Man lehrt die Kinder, dass das ganze historische Palästina den Palästinensern gehört.«

Ich antworte darauf: »Ist es nicht auf der anderen Seite dasselbe? Was bringt man den israelischen Kindern anderes bei, als dass sie überall in Erez Israel[42] zuhause und von Feinden umgeben sind, die sie am liebsten massakrieren würden.« Wie soll man da herauskommen? Eine interessante Idee dazu ist die, nicht den Konflikt zwischen Israelis und Palästinensern in den Mittelpunkt zu stellen, sondern vom gesamten Vorderen Orient auszugehen, also einer Region, die sich aus allen Völkern, die dort leben, zusammensetzt. Und diese Völker sind vielleicht nicht damit zufrieden, wie sie regiert werden.

Elias Sanbar: Wir beide, Sie noch mehr als ich, sind *aktive* Zeugen dieses Konflikts. Ich sage aktiv, weil wir uns nicht damit begnügt haben zuzuschauen und zu analysieren. Wir haben

42 Erez Israel (Land Israel) ist das verheißene Land der Bibel. Für manche Israelis ist die Ausdehnung der in der Bibel genannten Landschaften die Grundlage für die israelischen Gebietsansprüche. *(A.d. Ü.)*

politisch gehandelt und sind Risiken eingegangen, ohne dass wir uns darauf etwas einbilden. Wir waren in der privilegierten Position, handeln *und* unser Handeln reflektieren zu können, in das politische Geschehen eingebunden zu sein *und* zugleich die nötige Distanz dazu zu haben. Dadurch haben wir lernen und unsere Lektionen verarbeiten können. Es war eine ziemlich einzigartige Lehrzeit, die eben deshalb so fruchtbar war, weil in ihr politisches Handeln und die Lektionen der Geschichte zusammenflossen. Die Formel »Lektionen der Geschichte« mag etwas pompös und abgegriffen klingen, doch ich sehe das nicht so, vor allem weiß ich nicht, wie ich bestimmte Dinge anders nennen soll, die wir, während wir handelten, erfahren haben.

Auch die »List der Vernunft in der Geschichte« ist keine bloße rhetorische Floskel, sondern etwas, das wirklich vorkommt, eine überraschende Wendung, die eintritt, wenn die Ereignisse sich beschleunigen oder plötzlich verlangsamen, und vor allem, wenn sie völlig unvorhersehbare Bahnen einschlagen. Wer hätte zum Beispiel darauf gewettet, dass gleich nach dem Ende des ersten Golfkriegs die Amerikaner, die unangefochtenen Sieger, eine Serie von Verhandlungen anstoßen würden, an denen die Palästinenser teilnehmen sollten, die gerade noch als Gefolgsleute Saddam Husseins auf der Anklagebank gesessen hatten?

Eine andere, sehr viel weniger glorreiche geschichtliche Lektion handelt vom Einfluss der Ermattung auf die Lösung von Konflikten. Ich weiß, dass es nicht gern gehört wird und geradezu eine politische Häresie ist: Die Ermattung, die das Ergebnis eines endlosen Konflikts ist, kann sich als gute Ratgeberin des Friedens erweisen. Ich sehe eine solche Ermattung in der israelischen Gesellschaft. Wenn sie auf einen Politiker trifft, der keine Angst hat, zunächst gegen den Strom der herrschenden Meinung in seinem Land zu schwimmen – so, wie seinerzeit Jitzchak Rabin –, dann kann sie zum Frieden beitragen. So weit sind wir natürlich noch nicht, aber wir dürfen nicht die Möglichkeit außer Acht lassen, dass die Geschichte uns überrascht. Wir dürfen nicht vergessen, dass das, was heute eine Utopie ist, morgen schon banale Realität sein kann. Wer hätte schon 1944 an eine deutsch-französische Versöhnung geglaubt?

Nach diesen Bemerkungen möchte ich wieder auf die aktuelle Debatte über den binationalen Staat zurückkommen und feststellen, dass meine Position zugleich weitergehend *und* weniger ambitioniert ist. Weitergehend deshalb, weil die ideale Lösung für mich kein binationaler Staat, sondern ein *Bürgerstaat* ist, ein Staat *aller* seiner palästinensischen *und* israelischen Bürger. Weniger ambitioniert deshalb, weil es in der aktuellen Situation nur eine Möglichkeit gibt, nämlich die zweier Nachbarstaaten, deren Leben Seite an Seite durch international garantierte Verträge gesichert ist. In das, was ich da sage, ist nicht nur Realismus und eine objektive Analyse der Situation eingegangen, sondern auch die Überzeugung, dass man Konflikte stets »von beiden Enden« angehen, dass man sich ihnen durch die kleinen und die großen Türen nähern muss. Das heißt, wir müssen an der Verwirklichung der Zweistaatenlösung arbeiten, die heute die einzig mögliche ist, und zur selben Zeit an der Verwirklichung einer Bürgerdemokratie in einem einzigen Staat.

Man fragt mich häufig, ein bisschen mitleidig übrigens: »Warum bist du eigentlich heute noch politisch aktiv? Du hast dich doch schon 1967 engagiert, da warst du zwanzig, und heute bist du vierundsechzig … Vierundvierzig Jahre, und du hast noch immer nicht begriffen?« Wie soll ich darauf antworten? Mit großen Erklärungen über die Notwendigkeit, sich zu engagieren und sich selbst treu zu bleiben – dem Bild, das man von sich selbst hat –, mit Erklärungen darüber, dass man sich selbst im Spiegel ansehen können muss, über die große Freude, die Gemeinschaft mit anderen Widerstandskämpfern zu spüren, über die hartnäckige Suche nach dem Recht, die Abscheu vor dem Unrecht? Nun, ich antworte auf diese unbeantwortbare Frage mit einer Pirouette: Ich warte auf eine große List der Geschichte … In der arabischen Welt ereignet sich übrigens gerade eine. Was halten Sie, Stéphane, von diesem »Frühling«, der immer länger anhält?

Stéphane Hessel: In diesem Augenblick hat man das Gefühl, dass die arabische Welt sich tiefgreifend verändert, während Israel unbeweglich bleibt. Ich möchte eine Verbindung herstellen zwischen dem arabischen Frühling und der Notwendigkeit, dass die Israelis sich bewusst werden, in welche Sackgasse ihre Regierungen sie manövriert haben. Die Israelis sind Sieger, und sie beuten ihren Sieg sehr weitgehend aus. Und was immer sie tun, sie werden von den Vereinigten Staaten gestützt. Die ganze Welt ist davon überzeugt, dass der israelisch-palästinensische Konflikt zu lange gedauert hat, aber sie unternimmt nichts, um ihn beizulegen. Was Israel wieder in seinem Immobilismus bestärkt – doch schon in naher Zukunft kann es Überraschungen geben.

Während die Regierung Netanjahu-Lieberman alles tut, um sich Vorwürfen auszusetzen, möchte kaum eine Regierung auf der Welt dieses Verhalten öffentlich anprangern. Wer kann heute allen Ernstes unterschreiben, dass die Israelis recht daran tun, eine solch mörderische und selbstmörderische Politik zu verfolgen? Wenn ich heute mit französischen Juden über den Konflikt spreche – und das ist sehr häufig der Fall – stelle ich fest, dass viele von ihnen ebenso denken wie ich, das heißt, sie halten es für notwendig, den Palästinensern einen souveränen Staat mit Jerusalem als Hauptstadt zu überlassen. Wie sie denkt auch eine große Minderheit in Israel, und ich spreche da nicht allein von den Aktivisten der israelisch-palästinensischen Versöhnung wie dem Schriftsteller Michel Warschawski oder der Journalistin Amira Hass, sondern auch von den Israelis an der Basis, wenn ich das so nennen kann, die überhaupt keine Antizionisten sind. Aus diesem Grunde verzweifele ich nicht, auch wenn ich noch ziemlich pessimistisch bin, was eine befriedigende Lösung betrifft.

Wenn ich in der Zeitung lese, wie die israelische Armee Demonstrationen gegen die Mauer oder gegen die Blockade des Gaza-Streifens oder ganz allgemein gegen die Besatzung und die Siedungspolitik verhindert, sage ich mir, ich sollte ziemlich bald ein kleines Büchlein, eine Fortsetzung von *Empört euch!*

publizieren, das sich direkt an die Israelis wendet. Ich denke an einen ganz kurzen Text, der ihnen dies sagt: Ihr dürft nicht länger hinnehmen, von Leuten regiert zu werden, die alles verraten, was das Leben lebenswert macht. Ihr sollt euch empören und auf die Araber zugehen, die sich empört haben und dabei sind, ihre Diktatoren, einen nach dem anderen, zu vertreiben. Ihr Israelis, empört euch und verjagt diese furchtbare Regierung, die ihr euch habt gefallen lassen!

Ich möchte gern, dass die Israelis sich folgende Fragen stellen: »Werden wir wirklich gut regiert? Und wenn das nicht der Fall ist, wie können wir das ändern?« Die meisten Israelis haben Angst, eine irrationale, aber zweifellos vorhandene Angst, und sie müssen ihre Stärke blindlings zur Schau stellen, um ihre Angst zu besiegen. Angesichts des arabischen Frühlings werden sie sich vielleicht weiter verkrampfen, doch sie könnten auch versucht sein, nach dem Vorbild der Nachbarn ihre Regierenden herauszufordern. Wenn die Syrer gemeinsam große Opfer zu bringen bereit sind, um ihren Präsidenten, Baschar al-Assad, zu beseitigen, dann sagt das viel über einen Mentalitätswandel im Nahen Osten. Warum sollten die Israelis nicht auch Lust bekommen, sich ihrer Netanjahus, Baraks und Liebermans zu entledigen?

Elias Sanbar: Ihre Gedanken sind zugleich anregend und beunruhigend, und sie erinnern mich an ein Gespräch, das ich Anfang der neunziger Jahre in der amerikanischen Universität von Beirut mit einem Mann führte, den ich bewunderte und vor dem ich großen Respekt hatte: Constantin Zureiq, amerikanischer Professor. Zureik war der erste, der fast unmittelbar nach der Vertreibung 1948 ein Werk veröffentlicht hat, in dem er versucht, in einer rationalen Analyse die Ursachen für die *Nakba* zu verstehen. Er war ein bedeutender Pädagoge und hat zahlreiche Angehörige der modernen intellektuellen Elite der Araber geprägt. Er war auch ein großer politischer Aktivist, einer der ersten Organisatoren der Netzwerke, aus denen die laizistische Strömung des arabischen

Nationalismus entstanden ist. Er forschte am Institut für palästinensische Studien in Beirut, dessen Präsident er war, und ich habe ihn gut gekannt. Ich kann sogar sagen, dass er mich sehr gern mochte und mir immer wieder seine guten Ratschläge als Historiker gab.

Die fragliche Unterhaltung fand in der Zeit der Friedensgespräche statt, an denen ich während eines Besuchs bei meiner Familie in Beirut teilnahm. Ich wusste, dass er ziemlich verstört war, nicht weil er grundsätzlich etwas gegen Verhandlungen hatte, sondern weil er davon überzeugt war, dass sie zwecklos waren und mit Nachteilen für die palästinensische Seite enden würden.

Ich sehe ihn noch vor mir, als sei es gestern gewesen. Als er mich in dem Gang, der zu seinem Büro führte, gesehen hatte, rief er: »Komm, komm, mach die Tür hinter dir zu. Erzähl!« Was ich auch tat, lang und breit, bis er mich, scheinbar gedankenverloren, mit diesen Worten unterbrach: »Du glaubst also an die Möglichkeit eines Friedens. Wer weiß, vielleicht verbünden sich unsere arabischen Demokraten eines Tages mit denen Israels gegen ihre jeweiligen Regimes.«

Kapitel 5

Palästina in die UNO?

Farouk Mardam-Bey: *Mit dem beschleunigten Ausbau der Siedlungen im Westjordanland und Ostjerusalem macht die israelische Regierung deutlich, dass die Verhandlungen mit der palästinensischen Autonomiebehörde, die sie pro forma führt, keinem anderen Zweck dienen, als sich die vollendeten Tatsachen absegnen zu lassen. Und da auch Barack Obama schließlich das Diktat Netanjahus akzeptiert hat (Wiederaufnahme der Verhandlungen ohne Stopp des Siedlungsbaus und ohne Bezugnahme auf die UNO-Resolutionen), hat die Autonomiebehörde keine andere Wahl, um dieser Sackgasse zu entgehen, als den Versuch zu unternehmen, von der UNO die Anerkennung des palästinensischen Staats in den Grenzen von 1967 mit Jerusalem als Hauptstadt zu erreichen. Am 23. September 2011 hat Mahmud Abbas einen entsprechenden Antrag beim Generalsekretär der UNO eingereicht. Vor der Generalversammlung hat er eine in mancher Hinsicht bemerkenswerte Rede gehalten, die mit einer langen Ovation aufgenommen wurde. Fraglos haben Sie beide diese Ereignisse aufmerksam verfolgt. Außerdem kennen Sie die Mechanismen der UNO genau – die Spielregeln im Sicherheitsrat, in der Generalversammlung und in den Unterorganisationen der UNO wie der UNESCO, der WHO und so weiter.*

Glauben Sie, dass das Vorgehen der Palästinenser zum Scheitern verurteilt ist, einfach weil die Vereinigten Staaten mit ihrem Veto drohen für den Fall, dass eine entsprechende Resolution von der Mehrheit der Mitglieder des Sicherheitsrats angenommen wird? Die amerikanische Regierung möchte zweifellos nicht, dass es soweit kommt, weil sie die öffentliche Meinung in den arabischen Ländern nicht gegen sich aufbringen will, gerade in der gegenwärtigen Situation. Deshalb übt sie einen noch nicht dagewesenen Druck auf die noch zögernden Länder aus, auf Gabun, Bosnien, Nigeria und Kolumbien, um zu verhindern, dass die Palästinenser die neun nötigen Stimmen bekommen. Aber was soll man machen, wenn diese Pressionen ihr Ziel erreichen? Erst einmal darauf verzichten, den Status einer vollständigen Mitgliedschaft zu erreichen? Bei der Generalversammlung den Beobachterstatus beantragen, so wie es manche Staaten, Frankreich etwa, vorgeschlagen haben? Inwiewieweit kann ein solcher Status, den die Palästinenser gegen den Widerstand der Amerikaner erreichen könnten, ihnen von Nutzen sein? Würde er ihnen die Möglichkeit geben, sich auf der diplomatischen und juristischen Ebene effizienter gegen die Besatzung zu wehren?

Elias Sanbar: Obwohl wir von der zentralen Bedeutung des Völkerrechts und der internationalen Rechtsprechung überzeugt waren, konnten wir uns zu Beginn des diplomatischen Schlagabtauschs nicht vorstellen, dass die Prinzipien des Völkerrechts auf einmal wieder in den Vordergrund treten würden. Zweifellos waren wir einigermaßen zermürbt durch zweiundzwanzig Jahre Verhandlungen, die zwar von demselben Recht ausgingen, die nichtsdestoweniger aber nur die fortwährende Verletzung derjenigen Prinzipien durch die Besatzungsmacht illustrierten, auf denen diese Verhandlungen beruhen sollten.

Und da wenden sich die Palästinenser, wie wenn sie aus den Verhandlungen aussteigen wollten, auf einmal an den Sicherheitsrat, um die Aufnahme Palästinas in die UNO zu beantragen!

Für die einen war das ein Eklat, für andere, die sich sicher waren, dass die palästinensische Führung mit einer Flucht nach vorn aus der Sackgasse herauskommen wollte, eine Verzweiflungstat. Doch für die breite Mehrheit der Palästinenser, in Palästina und im Exil, war der Gang zur UNO *die Initiative*, auf die sie so lange gewartet hatten.

Die Intuition des Volkes erwies sich wie so oft als richtig. Warum? Weil der Antrag mehr bedeutete als die Bitte um die Anerkennung eines Staats; er wurde vielmehr allgemein als Beginn eines Kampfes um die Anerkennung des *Landes Palästina* betrachtet.

Der Antrag stellt das Ende eines langen geschichtlichen Zyklus dar, das Ende zweier Begriffe, zweier Vorstellungen von den Palästinensern. Lassen Sie mich erklären:

Lange Zeit, jahrzehntelang, war die Unsichtbarkeit, die »Nichtexistenz« der Palästinenser das Gegenstück zur angeblichen Nichtexistenz eines »Landes Palästina«. Scheinbar waren das zwei unterschiedliche Themen; da es sich aber um pure Propagandavorstellungen handelte, brauchte die eine Vorstellung die andere, um sich den Anschein von Realität zu geben, um irgendwie zu funktionieren. Weil also das palästinensische Volk nie existiert hatte, sah man auch nicht, wie ein »Land Palästina« hätte existieren können und umgekehrt.

Zu dieser zweifachen Leugnung der Realität traten noch zwei »Zusätze«. Diese waren ebenso unannehmbar, wurden aber als Errungenschaften der Palästinenser nach Jahren des Kampfes und der Opfer dargestellt. Man gestand ihnen nämlich den Status einer *Bevölkerung* zu, während ihr Land auf den Rang eines *Gebiets* herabgestuft wurde. Und weil eine Bevölkerung nicht dasselbe ist wie ein Volk und ein Gebiet nicht dasselbe wie ein Land …

Deshalb also verliefen die Verhandlungen, die eigentlich die berühmte Formel von den zwei Staaten umsetzen sollten, *de facto* so, als seien die Palästinenser kein Volk und als sei ihr Land nur ein *Gebiet* – ein besetztes gewiss, aber doch nur ein Gebiet.

Dies bedeutete, dass die Beweislast stets bei denen lag, die unter der Besatzung lebten. Diese mussten der Besatzungsmacht beweisen, dass sie das Recht hatten, eine Art Souveränität zu beanspruchen. Als Bewohner besetzter *Gebiete* konnten sie aber ihren Anspruch auf bestimmte Grenzen, nämlich die vom Juni 1967, und auf eine Hauptstadt, nämlich Ostjerusalem, nicht nachweisen.

Über die »besetzten Gebiete« wurde also verhandelt, als handle es sich um *umstrittene Gebiete* … Diese Bresche war es, durch die die jüdischen Siedler eindrangen. Die Siedlungen wuchsen schneller als je zuvor, und aus umstrittenen Orten wurden »jahrtausendealte« jüdische: »Gott hat uns dieses Land gegeben«.

Indem sie sich an die UNO wandten, verfolgten die Palästinenser mehrere Ziele: die Anerkennung als Mitgliedsland, die Ersetzung des Begriffs Gebiet durch den Begriff Land und die Definition unumgehbarer Bedingungen für die Wiederaufnahme der Verhandlungen. Dies soll heißen, dass der unabhängige und souveräne palästinensische Staat in den von Israel 1967 besetzten Gebieten errichtet werden soll und Ostjerusalem seine Hauptstadt sein wird.

Dieses vorausgesetzt, möchte ich an dieser Stelle auch auf Fragen antworten, die uns immer wieder gestellt werden, von der gegnerischen Seite natürlich, aber vor allem auch von Freunden: »Da ihr doch so klug und vorausschauend seid, wieso habt ihr so lange damit gewartet, euch an die UNO zu wenden?«

Die Antwort ist einfach. Sie ergibt sich aus den Bedingungen, die vor zwanzig Jahren, auf der Konferenz von Madrid, den Verhandlungspartnern von den Vereinigten Staaten und von der gesamten internationalen Gemeinschaft auferlegt worden sind. Es sind die folgenden: Da es heute zu dem »Wunder« der Friedensgespräche gekommen ist, soll dem Partner, der sich aus den Verhandlungen zurückzieht und den Frieden zurückweist, die gesamte Verantwortung dafür aufgebürdet werden; er wird entsprechend behandelt werden. Die späte Entscheidung der Palästinenser, sich an die UNO zu wenden, ist also nicht die Folge mangelhafter Vorausschau, sondern der Tatsache, dass viele Staaten, die heute unseren Vorstoß in New York unterstützen und für unseren Beitritt zur UNESCO gestimmt haben, sich gegen uns gewandt hätten, wenn wir die Gespräche abgebrochen hätten. Anders gesagt: Wir hätten uns nicht an die UNO wenden können, bevor die Welt davon überzeugt war, dass Israel die Verantwortung für das Feststecken der Friedensgespräche trägt, und nicht die Palästinenser.

Man muss anerkennen, dass das Tandem Netanjahu-Lieberman viel zu der Entstehung dieser Überzeugung beigetragen hat.

Die nächste dieser Fragen lautet: »Von der UNO die Anerkennung des palästinensischen *Staates* zu erlangen, würde das nicht bedeuten, dass ihr ein Prinzip über Bord werft, das ihr bereits anerkannt hattet, nämlich, dass dieser Staat nur das Ergebnis von Verhandlungen sein kann und nicht das einer Entscheidung, die die internationale Gemeinschaft Israel auferlegt?«

Diese Frage ähnelt weitgehend den amerikanischen Vorwürfen. Sie geht auf ein nicht nur in der Öffentlichkeit, sondern leider auch unter Politikern weitverbreitetes Missverständnis zurück. Diejenigen, die sich über den Schritt der Palästinenser wundern oder zu wundern vorgeben, vergessen eine grundlegende Tatsache: Die internationalen Gremien haben nicht die Befugnis, Staaten anzuerkennen; sie können sie nur aufnehmen. Tatsächlich proklamieren Staaten sich selbst und versuchen dann, die Anerkennung durch möglichst viele Staaten »einzusammeln«. Das beste Beispiel ist die Proklamation des Staates Israel durch Ben Gurion am 15. Mai 1948.

Man wird mir entgegnen, dass dieser Proklamation die Resolution 181 der UNO vom 29. November 1947 vorausging, die die »Errichtung« zweier Staaten in Palästina, eines jüdischen und eines arabischen, vorsah. Diejenigen, die sich auf diesen Text berufen, haben ihn nicht gut gelesen. Die Resolution »empfiehlt« die Zwei-Staaten-Lösung, aber sie führt sie nicht herbei! Zum Beweis: Ben Gurion hat den Staat im Mai 1948 proklamiert, doch Israel wurde erst im Mai 1949 und unter Vorbehalt Mitglied der UNO … Es ist schwer zu begreifen, dass ein angeblich von der UNO gegründeter Staat ein ganzes Jahr gebraucht haben sollte, um Mitglied der Vereinten Nationen zu werden.

Die Palästinenser wiederum haben ihren Staat am 15. November 1988 in Algier proklamiert, und sie unterhalten heute mit 128 Botschaften und 28 diplomatischen Vertretungen diplomatische Beziehungen zu 156 Ländern.

Ihr Antrag bei der UNO zielt also nicht auf die Anerkennung eines palästinensischen Staates ab, sondern nur auf die Aufnahme des Landes Palästina in die UNO – aber natürlich würde die Aufnahme des Landes Palästina zweifellos die palästinensische Nation besser sichtbar machen.

Nächste Frage: »Warum habt ihr euch an den Sicherheitsrat gewandt, obwohl ihr mit einem amerikanischen Veto rechnen musstet, statt an die Generalversammlung, in der die Amerikaner kein Vetorecht haben und in der ihr eine Mehrheit hättet? Euer Status wäre dann zwar geringer gewesen als der, den ihr jetzt erhalten wollt, aber er würde euch schon jetzt erlauben, den Sturm auf den Sicherheitsrat zu beginnen.«

Einige Verantwortliche haben diese Frage damit beantwortet, dass es an der Zeit war, die Vereinigten Staaten mit ihrer Verantwortung zu konfrontieren und sie dazu zu zwingen, ihre Position hinsichtlich der Existenz Palästinas deutlich zu machen. Andere haben darin die selbstmörderische Aktion einer aus der Spur geratenen palästinensischen Führung gesehen, die »sich wieder ein radikales Image geben« wollte. Wieder andere fanden, dass es an der Zeit gewesen sei, den arabischen Frühling dazu zu nutzen, der Welt die Aufnahme in die UNO abzutrotzen. War denn die Zeit nicht gekommen, dass die Länder, die dem Sturz von Diktaturen und despotischen Regimes in den arabischen Ländern Beifall zollten, konsequenterweise Palästina im Konzert der Nationen mitspielen lassen sollten? Wieder andere versicherten, nachdem der Friedensprozess gestorben sei, sei es an der Zeit gewesen, das totale Versagen des amerikanischen »Schirmherren« des Prozesses aktenkundig zu machen, einen ganz anderen Ton anzuschlagen und der UNO als der Wahrerin des Völkerrechts wieder den Platz einzuräumen, den sie nie hätte aufgeben dürfen. Und so weiter.

Alle diese Argumente haben etwas Richtiges, es fehlt ihnen jedoch ein gleichsam »persönliches« Detail: Die Palästinenser finden, dass sie seit Jahrzehnten zu unrecht vor der Tür der internationalen Institutionen bleiben mussten. Sie hätten es deshalb nie akzeptiert, anders als durch die »große Tür« hineinzugelangen, also durch die Aufnahme als Vollmitglied, die nur der Sicherheitsrat aussprechen kann.

Wer daran zweifelt, möge sich doch nur die Bilder von den Freudenkundgebungen ansehen, mit denen am 23. September 2011 in Palästina und in den Ländern des Exils die Rede von Präsident Abbas vor der Generalversammlung aufgenommen wurde, in der er seine Entscheidung ankündigte, den palästinensischen Antrag beim Sicherheitsrat zu stellen. Die Palästinenser wollen durch die große Tür ins Haus der Welt eintreten und nicht verstohlen und zum Billigtarif durch die Hintertür: »Die Welt soll wissen, dass wir nicht weniger wert sind als alle anderen Völker der Welt und daher das unveräußerliche Recht haben, als ihresgleichen behandelt zu werden. Auf die Gefahr hin, dass sich jemand vor die Tür stellt und sagt: ›Ich werde euch nicht hineinlassen.‹«

Der Eindruck, den die Rede von Mahmud Abbas hinterließ, war umso stärker, als viele Leute ein Fiasko im letzten Augenblick vorausgesagt hatten: »Ihr werdet sehen«, sagten sie, »wenn er erst einmal in New York ist, werden ›sie‹ ihn umstimmen, und er wird den Gang zum Sicherheitsrat widerrufen.«

Mahmud Abbas hat sie glücklicherweise enttäuscht.

Stéphane Hessel: Ist Mahmud Abbas denn physisch und psychisch imstande, den diplomatischen Kampf bis zum Ende auszufechten?

Elias Sanbar: Ich glaube schon. Immerhin ist der Kampf bereits in vollem Gange, und ich weiß nicht, wie er ausgehen wird. Angeführt von den Vereinigten Staaten arbeiten einige Mächte verbissen daran, den Weg für Palästina zu verbauen. Während des Kampfs um die Aufnahme Palästinas in die UNESCO habe ich selbst diese Erfahrung machen können.

Stéphane Hessel: Was mir sehr wichtig erscheint, ist, dass Mahmud Abbas bei seiner Rede den Status eines Mitgliedsstaats der UNO verlangt hat und dass seine Rede sehr deutlich die Rechte der Palästinenser benannt hat, einschließlich der Rechte der Flüchtlinge. Das wird die Hamas zwingen, weniger aggressiv gegen ihn zu sein. Wenn Abbas als Verzichtspolitiker aufgetreten wäre, wäre die Hamas gewiss über ihn hergefallen.

Elias Sanbar: Das ist möglich. Doch entschuldigen Sie, Stéphane, wenn ich auf das zurückkomme, um das es mir geht. Ich glaube, dass wir einen historischen Augenblick erleben. Ich betone das, obwohl ich weiß, dass der Begriff »historisch« ziemlich abgenutzt ist, weil er oft dazu missbraucht wird, etwas zu charakterisieren, das sich dann als geringfügige Veränderung herausstellt. Das ist heute anders.

Unser nationales Territorium wurde bis heute von der Besatzungsmacht und einer Mehrheit von Staaten als Gebiet wahrgenommen und nicht als ein Land. Die Bezeichnung »Gebiet« hat zur Folge, dass ein besetztes Gebiet faktisch ein *umstrittenes* Territorium ist, das heißt, der Besatzer unterwirft den Besetzten einem unbegrenzten Langzeittest, ohne jemals mit den Antworten des besetzten Probanden zufrieden zu sein.

Wenn die Besetzten also sagen: »Das sind unsere Grenzen, und das ist unsere Hauptstadt«, so wird der Besatzer erwidern: »Wer hat denn gesagt, dass eure Grenzen da verlaufen? Wer hat denn gesagt, dass diese Stadt eure Haupstadt ist? Ihr seid noch nie ein Land mit Grenzen und einer Hauptstadt gewesen, und wenn eure Grenzen gezogen und eure Hauptstadt bestimmt werden, so werden wir das letzte Wort haben, denn das ist *unsere* Bedingung für den Frieden.«

So sind im Wesentlichen die Verhandlungen zwischen dem besetzenden Land und den besetzten Gebieten verlaufen, von denen im *Plural* die Rede ist, um ihren Status noch unbestimmter erscheinen zu lassen. Wie lässt sich die unglaubliche und verschwommene Unterscheidung zwischen »legalen« und »illegalen« Siedlungen erklären, die viele Regierungen dieses Planeten ohne zu zögern übernommen haben? Sie wäre unmöglich, wenn es sich um ein besetztes *Land* handelte, denn in dem Falle wäre jegliche Siedlung von vornherein illegal.

Ein besetztes Land ist ein Raum mit »natürlichen« Rechten, während ein »Gebiet« ein verhandelbares Territorium ist mit verhandelbaren oder wenigstens interpretierbaren Rechten. Die Besatzung eines besetzten Landes wird zwangsläufig illegal, und die Besetzten können sich auf die Genfer Konvention und das Haager Landkriegsrecht berufen, wenn sie ihr Recht verlangen, und sie müssen nicht dauernd beweisen, dass sie dies *zu recht* tun. Sie erinnern sich bestimmt, Stéphane, an den schönen Namen der Vereinigung, die unsere leider verstorbene große Freundin Madeleine Rebérioux[43] gegründet hat: *Das Recht auf Recht.*

Weiter darf man niemals vergessen, dass Gebiete von *Bevölkerungen* bewohnt werden, während in Ländern *Völker* leben. Wir sehen, worum es heute ganz eigentlich geht, ist nicht nur durch das Schlüsselwort *Staat* bezeichnet, sondern auch durch das Wort *Land*. Ein besetztes Land, aber ein Land!

Die Besatzung ist deshalb noch lange nicht beendet, darüber kann man sich keinen Illusionen hingeben. Es genügt nicht, aus Gebieten ein Land zu machen, damit die Besatzungsmacht sich zurückzieht. Es ist jedoch sicher, dass der Ausgangspunkt ein ganz neuer sein wird, wenn die Friedensverhandlungen wieder aufgenommen werden – was wir aufrichtig hoffen: Wir werden im Namen des Landes eines Volkes verhandeln, im Namen des Palästina der Palästinenser.

Stéphane Hessel: Diese Erläuterung ist in vieler Hinsicht wirklich interessant, aber eine Frage, die ich mir seit langem stelle, beantwortet sie nicht vollständig. Ich befürworte, wie Sie wis-

43 Madeleine Rebérioux (1920–2005) war eine französische Historikerin und von 1991–1995 Präsidentin der Französischen Liga zur Verteidigung der Menschen- und Bürgerrechte.

sen, unbedingt das Eingreifen der Vereinten Nationen. Es gibt ein internationales Recht, das sich auf eine Charta gründet, die mit den Worten beginnt: »Wir, die Völker«. Von Anfang an haben sich die Vereinten Nationen dafür eingesetzt, allen Völkern die Möglichkeit zu geben, einen Staat zu errichten und diesem Staat die Möglichkeit, vollwertiges Mitglied der Vereinten Nationen zu werden. Was Palästina anbetrifft, so ist die Existenz des palästinensischen Volks – man muss sagen, dass dies der PLO von Jassir Arafat zu verdanken ist – anerkannt worden, und seit diesem Moment hat das Volk Palästinas ein Recht auf einen eigenen Staat. Die Umrisse des künftigen Staats hat der Sicherheitsrat festgelegt, indem er den Rückzug Israels aus den im Juni 1967 besetzten Gebieten forderte, die Annexion von Ostjerusalem zurückwies und das Recht der Flüchtlinge auf Rückkehr oder eine angemessene Entschädigung bestätigte. Das ist die Rechtslage.

Das Übrige ist nicht das Recht, sondern sind Vereinbarungen über die Weise, wie es angewandt werden soll. Die Uneindeutigkeit der englischen Version der Resolution 242 ändert nichts an diesen Prinzipien. Keinesfalls darf das *fait accompli* der Ausgangspunkt sein, vielmehr muss es seine Illegalität sein, denn die Aneignung von Territorien durch Gewalt ist unakzeptabel, wie die Resolution gleich eingangs klarstellt. Die durch internationales Recht anerkannten Grenzen sind die vom 4. Juni 1967, und alle von Israel in den besetzten Gebieten veranlassten Änderungen sind illegal. Der Internationale Gerichtshof hat dies in Bezug auf die Mauer bestätigt und für die Besatzung überhaupt.

Also, was ist Neues geschehen? Für mich ist das Neue der mutige Vorstoß von Mahmud Abbas. Er lässt sich nicht einschüchtern, wie man vielleicht hätte denken können, angesichts seines Rufs als Gemäßigter und angesichts seines ehrlichen Willens, mit Israel zu verhandeln, um endlich zu einer Lösung des Konflikts zu kommen. Ich weiß, dass einige Leute in seiner Umgebung ihm geraten haben, nicht den Mitgliedsstatus, sondern einen Beobachterstatus zu beantragen. Die Tatsache, dass er standhaft geblieben ist, hat seine Position gegenüber seinen Kritikern deutlich gestärkt. Wird er aber die neun nötigen Stimmen im Sicherheitsrat bekommen? Die Vereinigten Staaten üben einen fürchterlichen Druck auf bestimmte Länder aus, damit diese sich enthalten und sie selbst nicht ihr Veto ausüben müssen, was ihnen vor der Weltöffentlichkeit die Verantwortung für die Zurückweisung der palästinensischen Kandidatur geben würde.

Netanjahu und Lieberman haben nichts dafür getan, um die Wiederaufnahme der Verhandlungen zu ermöglich – insbesondere weigern sie sich, den Siedlungsbau einzufrieren. Sie verletzen fortwährend internationales Recht. Barack Obama wiederum agiert widersprüchlich, wenn er an einem Tag die Gründung eines palästinensischen Staats verspricht und am nächsten Tag seine Versprechungen wiederholt und von der israelischen Regierung ein Ende der Landnahme verlangt, sich aber sogleich von Netanjahu einschüchtern lässt. Israel profitiert weiter davon, dass keine Maßnahmen gegen es ergriffen werden, weil die Westmächte zu feige sind. Nachdem die Operation »Gegossenes Blei« gegen Gaza im Jahre 2008/2009 in dem Bericht einer von der UNO entsandten Kommission, der Goldstone-Kommission, klar verurteilt worden war, setzte Israel alles daran, Goldstone zum Rücktritt zu bewegen. Und es war erfolgreich dabei, während die übrigen Mitglieder der Kommission auf ihren Posten geblieben sind. Was werden sie tun?

Der skandalöse Angriff Israels auf eine Flottille mit humanitären Hilfsgütern, die die Leiden der Bevölkerung des Gazastreifens mildern sollten, hat den Zorn eines seiner letzten Partner im Nahen Osten, der Türkei, heraufbeschworen. Zur Zeit ist das Verhältnis zwischen beiden Ländern äußerst gespannt. Israel kann seit dem Sturz Mubaraks auch nicht mehr auf das stillschweigende Einverständnis Ägyptens rechnen. Hier haben Demonstranten die israelische Botschaft belagert und die Revision des Friedensvertrags und der übrigen durch die abgesetzte Regierung geschlossenen Vereinbarungen mit Israel verlangt. Deshalb ist die Position des amerikanischen Präsidenten unhaltbar geworden. Er kann nicht behaupten, die Demokratiebewegung in der arabischen Welt zu unterstützen, wenn er sich zugleich hinter Netanjahu und seine Regierung stellt, die extremistischste in der Geschichte Israels. Er wird sich vielleicht durch den Hinweis auf die von der Hamas ausgehende Gefahr zu rechtfertigen suchen, doch wer wird dies schon für ein seriöses Argument halten?

Die Hamas hat die Vereinbarung mit der israelischen Regierung über den Austausch des Soldaten Gilad Shalit gegen palästinensische Gefangene getroffen. Durch diesen Erfolg gestärkt, wird sie noch weiter an Einfluss gewinnen, wenn Mahmud Abbas wegen der Vereinigten Staaten vor der UNO eine Niederlage erleidet. Ich glaube, dass die USA einen großen Fehler machen, wenn sie verbissen gegen die Anerkennung des palästinensischen Staats durch die Vereinten Nationen kämpfen, und dass auch Frankreich und Großbritannien einen Fehler machen, wenn sie sich enthalten. Einen Fehler werden auch die zwei oder drei Länder machen, die möglicherweise dem Druck der USA nachgeben. Sie sollen verhindern, dass die Palästinenser die neun Stimmen bekommen, die sie benötigen, und dadurch den Amerikanern erlauben, sich ohne den Rückgriff auf das Veto durchzusetzen.

Elias Sanbar: Ein Beispiel aus der vor Kurzem geführten Auseinandersetzung um die Aufnahme Palästinas in die UNESCO illustriert sehr gut, was Sie sagen. Um aufgenommen zu werden, brauchte Palästina zwei Drittel der in der Abstimmung darüber von den Mitgliedstaaten *abgegebenen* Stimmen. Damit will ich sagen, dass Enthaltungen bei der Feststellung der Zweidrittelmehrheit nicht gezählt wurden. Der Abstimmung ging eine lange Kraftprobe voraus, während derer übrigens Kanada eine ebenso exzessive wie unverständliche Feindseligkeit uns gegenüber an den Tag legte. Es sprach sämtliche Mitgliedsländer an und drängte sie, gegen die Aufnahme Palästinas zu stimmen. In einem an alle 195 UNESCO-Mitglieder verschickten Brief – wir erhielten ihn als erste – hieß es: »Canada urges you to vote against Palestine«.

Die amerikanische Position war ebenso radikal: Die Amerikaner wollten nicht nur die Abstimmung gewinnen, sondern uns daran hindern, diese überhaupt zu beantragen. Wir sollten unsere Kandidatur zurückziehen, ohne Gegenleistung. Damit ging eine Sanktionsdrohung gegen die UNESCO einher; wenn sie uns aufnähme, würden die Vereinigten Staaten ihre jährlichen Beitragszahlungen einstellen. Es half auch nichts, dass ich dem Botschafter der Vereinigten Staaten erklärte, dass ich nicht einsähe, wieso alles, was Palästina erreicht, automatisch zur Provokation und zu einem Anschlag auf diesen oder jenen anderen Staat werde: »Kann ich nicht etwas *für mich* erreichen, ohne dass das als etwas gewertet wird, das *gegen einen anderen* gerichtet ist?«

Von dieser Episode und einigen anderen, die ich im Verlauf langer Wochen erlebt habe, werde ich einmal genauer berichten. Immerhin haben wir den Kopf oben behalten und dank der Solidarität der Mitgliedsländer die Abstimmung mit 107 Ja– gegen 14 Neinstimmen gewonnen, wobei die Enthaltungen als nichtabgegebene Stimmen gewertet wurden. Also 88,4% gegen 11,6% der Stimmen! Nachzutragen bleibt noch, dass auch elf europäische Länder, darunter Frankreich, für uns gestimmt haben[44].

Ich habe von diesen Ereignissen berichtet, weil sie mit den ersten Worten der Charta zu tun haben, die Sie vorhin zitiert haben: »Wir, die Völker«. Sie machen deutlich, dass diejenigen, die gegen unsere Aufnahme gestimmt haben, dies nicht getan haben, weil sie unsere Teilnahme an den kulturellen Maßnahmen, der Bildungsförderung oder den wissenschaftlichen Programmen der UNESCO verhindern wollten, sondern unsere *Mitgliedschaft als Volk*. Sie haben damit ihre grundsätzliche Ablehnung gegen die Anerkennung unserer Existenz zum Ausdruck gebracht. Es ist die Entstehung des Landes Palästina, die sie in Wahrheit beunruhigt.

44 Deutschland schloss sich dagegen dem »Nein« der Amerikaner an. Österreich stimmte für die Aufnahme Palästinas, die Schweiz enthielt sich. *(A.d.Ü.)*

Sie erinnern sich gewiss: Bei einer unserer ersten Unterhaltungen, als es um den Friedensprozess und die Gründe für sein Scheitern ging, habe ich behauptet, dass die Vereinigten Staaten ungeachtet ihrer Erklärungen zugunsten eines künftigen Staates Palästina daran arbeiteten, das gegenwärtige Zwischenstadium zum endgültigen zu machen, nämlich eine Autonomiebehörde, die die alltägliche Verwaltung bei den Palästinensern organisiert, ohne wirklich auf ihrem Territorium über die Souveränität zu verfügen. Der Kampf um die UNESCO hat mir dies noch einmal gezeigt, und die »Ernsthaftigkeit« und das »Engagement« von Präsident Obama für den Frieden werden daran leider nichts ändern.

Das Problem wird solange erhalten bleiben, wie die Vereinigten Staaten, die Garanten der Straffreiheit Israels, wenn es das Völkerrecht verletzt, nicht ihre Haltung radikal ändern. Dies liegt jedoch in weiter Ferne, wenn es nicht sogar so gut wie unmöglich ist. Umso vordringlicher ist es, zu multilateralen Verhandlungen unter der Ägide der UNO zu kommen.

Stéphane Hessel: Dazu möchte ich noch etwas ergänzen: Die These nicht nur von Netanjahu und von Lieberman, sondern auch vieler Juden in der Diaspora ist die: »Israel ist ein kleiner Staat, der von einer Bande von Terroristen umgeben ist. Diese Terroristen behaupten nun, ein Volk zu sein, und wollen einen Staat haben, doch wer sagt uns, dass sie nicht einen neuen Kampf beginnen, sobald sie ihre Souveränität und ihre anerkannten Grenzen haben, und dieses winzige Stückchen Naher Osten namens Israel in Bedrängnis bringen. Ihnen gehörten ja schon 22% von Palästina; das ist nicht riesig, aber hinter ihnen stehen Jordanien, Ägypten, die arabische Halbinsel, Syrien etc. Wir hätten ihnen ja gern vertraut, wir haben versucht mit Mahmud Abbas zusammenzuarbeiten, aber es gibt auch noch die Hamas, den Dschihad und Syrien … Deshalb wird unsere Sicherheit nicht sehr groß sein, wenn wir da einen Staat vor uns haben.«

Auf diese Frage gibt es nur eine – wie ich finde, unwiderlegbare – Antwort, nämlich diese: »Wir, die Vereinten Nationen, wir, der Sicherheitsrat, garantieren die Grenzen Israels. Denn es ist ein Mitglied der Vereinten Nationen. Morgen wird auch Palästina ein Mitglied der Vereinten Nationen sein, deren sämtliche Mitglieder internationale Grenzen haben. Wenn diese von wem auch immer verletzt werden, so haben die Vereinten Nationen die Pflicht ...«. Wenn ein Land von Risiken für seine Sicherheit spricht und deshalb einem Nachbarn die Anerkennung als Staat vorenthält, heißt das, dass es die Vereinten Nationen nicht anerkennt oder nicht an sie glaubt. Dies ist doch das Entscheidende: Israel existiert nur, weil die Vereinten Nationen es anerkannt haben. Wenn die Zionisten irgendwo ein Stück Wüste erobert hätten, ohne Eingreifen der Vereinten Nationen, besäßen sie keinen Staat, sondern wären Räuber, wie es sie in Somalia oder anderswo gibt. Nun ist es ihnen aber gelungen, einen Staat zu besitzen, und deshalb müssen sie die Pflichten akzeptieren, die das Völkerrecht den Mitgliedsstaaten der Vereinten Nationen auferlegt.

Elias Sanbar: Hoffen wir auch auf einen Lernprozess, in dem die Israelis endlich verstehen lernen, dass es keine bessere Garantie für Frieden als die Versöhnung gibt!

Stéphane Hessel: Stellen wir uns nun einige Szenarien vor. Im ersten wenden wir uns an die UNO, an den Sicherheitsrat, wir bekommen die neun Stimmen, und die Amerikaner legen ihr Veto ein. Zweites Szenario: Wir bekommen die neun Stimmen nicht, und die Amerikaner brauchen ihr Veto nicht einzulegen. Was werden die Palästinenser tun? Werden sie vor die Generalversammlung treten und einen Beobachterstatus akzeptieren?

Elias Sanbar: Bevor ich hierauf antworte, muss ich ein paar Worte über den »Beobachterstatus« sagen, den die Presse auf alle mögliche Weise präsentiert, wobei sie sich damit bescheidet, zu wiederholen, was sie hört, statt sich die Mühe zu machen, die Stichhaltigkeit dessen zu überprüfen, was sie wiedergibt.

Es gibt den Status eines Beobachterstaats bei der UNO schlicht und einfach nicht.

Der Vatikan ist zweifellos »Beobachter«, aber das ist er auf eigenen Wunsch, da der Heilige Stuhl kein politischer Akteur sein will. Die Palästinenser wiederum wollen keine Beobachtermission werden; denn das sind sie bereits …

Weder in der UNO noch in der UNESCO, wo Palästina den Status einer Beobachtermission hatte, war es deshalb »Beobachter«. Um dies zu überprüfen, braucht man nur auf die Websites dieser beiden internationalen Institutionen zu gehen und die Klassifikation der Mitglieder anzusehen. Dabei wird man feststellen, dass Palästina eine Klasse für sich darstellt, allein, nicht zusammen mit dem Vatikan, als sei es eine Kategorie für sich, gleichsam provisorisch und im Augenblick noch nicht zu klassifizieren.

Dem ist noch dies hinzuzufügen: Am 5. November 1988 proklamiert Arafat den Staat Palästina, und es gelingt ihm gleich im Anschluss daran, das in Algier versammelte Exilparlament dazu zu bewegen, für eine Lösung des Konflikts durch Verhandlungen auf der Grundlage der UNO-Resolutionen 242 und 338 zu votieren.

Der damalige UNO-Generalsekretär, der Peruaner Pérez de Cuéllar, antwortete am 15. Dezember auf diese Geste, auf diese historische Öffnung, indem er den palästinensischen Vertretungen bei den verschiedenen Instanzen der UNO den Titel einer »Beobachtermission Palästinas« verlieh. Palästina ist also im Unterschied zur PLO keine Organisation, sondern ein Land. Dies war ein erster Schritt zur Anerkennung, und er wurde schon 1988 getan!

Ich will damit sagen, dass der palästinensische Aufnahmeantrag, dem in der UNESCO stattgegeben worden ist und der in der UNO noch anhängig ist, der Antrag auf die volle Mitgliedschaft, auf den Status eines »Member State« ist.

Es ist dieser Antrag, um den es bei der Kraftprobe geht, die derzeit im Sicherheitsrat stattfindet.

Erinnern wir uns noch einmal an die Regeln: Der Rat hat fünfzehn Mitglieder, davon fünf ständige, die mit dem Vetorecht ausgestattet sind. Um Mitglied der UNO werden zu können, braucht Palästina neun Stimmen, das heißt die Stimmen von zwei Dritteln der Mitglieder des Rats; allerdings gelten die Stimmen dieser Mehrheit nicht, wenn eines der fünf ständigen Mitglieder sein Veto einlegt.

Zwei dieser Vetomächte, China und Russland, haben ihre Unterstützung für die Kandidatur Palästinas angekündigt; zwei weitere, Frankreich und Großbritannien, haben angekündigt, sich enthalten zu wollen; die Vereinigten Staaten schließlich haben gleich zu Beginn der Diskussionen angekündigt, dass sie ihr Vetorecht ausüben würden. Die Sache scheint also klar zu sein; allerdings ist es den Amerikanern sehr wichtig, ihr Veto nicht aussprechen zu müssen, weil sie das mit den Widersprüchen ihrer Außenpolitik konfrontieren würde: nämlich, dass Washington die demokratischen Bewegungen des arabischen Frühlings begrüßt, zugleich aber die Anerkennung des Landes Palästina blockiert.

Bis heute ist es Palästina nicht gelungen, die neun nötigen Stimmen zu bekommen. Es hat nun zwei Möglichkeiten. Die erste ist die, von neuem den Versuch zu unternehmen, die neun Stimmen zu bekommen; in diesem Fall müsste es allerdings immer noch die amerikanische Ablehnung überwinden – eine *Mission impossible*. Die zweite ist die, vor die Generalversammlung zu ziehen, in der es kein Vetorecht gibt, um über eine Resolution abstimmen zu lassen, die Palästina den Status eines Nicht-Mitgliedsstaats (»Non-member State«) verliehe. Die Chancen, ein solches Votum zu erreichen, stehen gut, zumal in diesem Fall die einfache Mehrheit ausreichend ist.

Zum Schluss noch ein paar Worte zum Status des »Member State« und des »Non-member State«. Ein »Non-member State« verfügt über drei Rechte: die Mitgliedschaft in allen Unterorganisationen der UNO, die Teilnahme an allen internationalen Konventionen und das Klagerecht beim Internationalen Strafgerichtshof. Ein »Member State« hat nur ein darüber hinausgehendes Recht, nämlich das Stimmrecht bei der UNO.

Dies ist der Stand der Dinge vom Dezember 2011. Es ist noch keine Entscheidung darüber gefallen, ob die erste oder die zweite Vorgehensweise gewählt werden soll. Darüber finden zur Zeit intensive Konsultationen statt, namentlich mit Frankreich, welches – das darf man nicht vergessen – für die Aufnahme Palästinas in die UNESCO gestimmt hat.

Stéphane Hessel: Was derzeit im Sicherheitsrat passiert, wissen Sie so gut wie ich. Der Rat ist gespalten und müsste eigentlich zur Abstimmung schreiten. Er kann allerdings die Abstimmung verzögern, auch wenn sie von der Generalversammlung mit großer Mehrheit angemahnt wird. Auf diese Weise kann er verhindern, dass die Generalversammlung vor Ablauf der Sitzungsperiode einen Beschluss fasst, für den Fall nämlich, dass die Palästinenser sich für den Augenblick mit einem Beobachterstatus zufriedengeben. Jedenfalls braucht Palästina neun der fünfzehn Stimmen im Sicherheitsrat, unabhängig von der Zahl der Enthaltungen, um als Vollmitglied der UNO zugelassen zu werden, und es darf kein amerikanisches Veto geben. Nun weiß man noch nicht genau, wie Länder wie Bosnien, Kolumbien oder Gabun abstimmen werden. Man kann hoffen, dass sie dem amerikanischen Druck widerstehen, sodass die Vereinigten Staaten allein vor der öffentlichen Meinung der Araber und der ganzen Welt die Verantwortung für die Zurückweisung Palästinas tragen. Das heißt, wir erleben derzeit einen wichtigen Augenblick in der fast hundertjährigen Geschichte des Konflikts. Indem sie sich der Stimme enthalten, sind unsere lieben Europäer durchaus nicht neutral; da sie dadurch de facto Israel und die Vereinigten Staaten unterstützen, legen sie einmal mehr Zeugnis für ihre entsetzliche Feigheit ab.

Mahmud Abbas muss vor allem jeden Anschein vermeiden, dass er sich mit dem Beobachterstatus zufriedengibt. Derjenige Staat, egal welcher, der die Abstimmung über die Aufnahme Palästinas beantragt, muss Mitglied der Vollversammlung sein. Das ist nicht schwer zu erreichen, und den entsprechenden Text gibt es bereits.

Aber was soll man danach unternehmen? Netanjahu und Lieberman werden ihre Haltung nicht ändern. Meine einzige Hoffnung ist die, dass immer mehr Bürger Israels sich bewusst werden, dass ihr Land in einer Sackgasse steckt, dass es in der Region und international isoliert ist, und dass es deshalb überlebensnotwendig ist, zu einer gerechten und dauerhaften Lösung der Palästinenserfrage und des israelisch-arabischen Konflikts zu gelangen. Es ist nicht auszuschließen, dass die israelischen Empörten, die massenhaft gegen die wirtschaftlichen und sozialen Fehlentwicklungen demonstriert haben, zu der Einsicht gelangen, dass ihre Alltagsprobleme durchaus etwas mit den Kosten für die Siedlungspolitik und den enormen Militärausgaben zu tun haben.

Elias Sanbar: Ich möchte mich dafür entschuldigen, dass ich so lange geredet habe. Der einzige Grund dafür ist, dass ich unseren Lesern ein paar Dinge erklären wollte, die in den Medien oft völlig konfus dargestellt werden; schließlich bin ich selbst in meiner Funktion als palästinensischer UNESCO-Botschafter einer der Akteure in diesem Kampf um die Aufnahme in die UNO.

Kapitel 6

Von der Politik zur Poesie

Farouk Mardam-Bey: Es ist nicht üblich, ein politisches Gespräch mit einem Gedankenaustausch über die Poesie fortzusetzen. Trotzdem haben Sie sich gemeinsam dazu entschieden – weil Sie sich nicht vorstellen konnten, Ihrer beider Namen unter ein Buch zu setzen, in dem es nicht auch um die Dichter geht, die Sie lieben. Von Villon über Keats, Baudelaire und Rilke bis zu Mahmud Darwisch. Sie, Stéphane Hessel, haben unter dem Titel Ô ma mémoire (Gedichte, die mir unentbehrlich sind) *eine dreisprachige Gedichtanthologie veröffentlicht. In dem sehr anregenden Einleitungstext fragen Sie sich, woher Ihre Liebe zur Lyrik kommt, wieso sie für Sie eine »Notwendigkeit« ist, wie Sie schreiben. Man lernt darin ebensoviel über Sie, wenn nicht mehr, wie bei der Lektüre Ihrer Autobiographie,* Tanz mit dem Jahrhundert. *Beeindruckend ist es, zu erfahren, dass in dieser Anthologie nur Gedichte vorkommen, die Sie auswendig und jederzeit vortragen können.*

Elias Sanbar wiederum ist ein Vielleser und Literaturkenner; seine Übersetzungen der Gedichte von Mahmud Darwisch sind bekannt, ebenso sieben Gedichtbände und drei Anthologien. Manchmal kommt es vor, dass er denjenigen, die mit »alten« Worten vom »Neuen« sprechen, entgegenhält, dass die Poesie eine Lebensform ist, die dem Politischen überlegen ist. Wie sind diese beiden Welten, die der Politik und die der Poesie, die zunächst ja weit voneinander entfernt sind, in Ihr Leben getreten? Man hat das Gefühl, dass das, wodurch Sie ein Gedicht als erstes verführt, seine Musikalität ist, das heißt, Sie lesen nicht nur mit den Augen, sondern auch mit den Ohren. Sind Sie musikverrückt?

Und was ist für Sie das Gemeinsame von Poesie und Musik? Haben Sie dieselbe Leidenschaft für Vokalmelodien, für Lieder? Und ganz zum Schluss, lieber Stéphane Hessel, müssen Sie ein Gedicht vorstellen, das Sie lieben – auch wenn unsere Leser Sie es leider nicht vortragen hören können. Sie suchen es aus, und damit schließen wir.

Elias Sanbar: Wir haben uns während unserer Treffen mit einem sehr komplexen Konflikt beschäftigt und seine heikelsten Aspekte Revue passieren lassen. Auch haben wir versucht, diese vor dem Hintergrund unseres Engagements, unserer Erfahrungen und unserer jeweiligen Erlebnisse verständlich zu machen. Wir haben auch unseren Hoffnungen Ausdruck gegeben und eine Brüderlichkeit praktiziert, die auf gemeinsamen ethischen Grundsätzen basiert. Unseren Gesprächen würde aber etwas fehlen, wenn wir unsere gemeinsame Leidenschaft für die Poesie nicht erwähnten, diese Art zu denken und zu empfinden, die aus unser beider Leben nicht fortzudenken ist. Also habe ich vorgeschlagen, auf Gedichte zu sprechen zu kommen – und zwar überhaupt nicht, um plötzlich, ohne »Achtung!« zu rufen, das Thema zu wechseln und ein »unpassendes« Thema an unseren Gedankenaustausch anzuhängen. Sondern warum? Die Poesie ist in meinen Augen eine höhere Form des Denkens und Handelns als die Politik. Sie hat meine Haltung, mein Handeln, meine Art, die Dinge zu sehen, mein Wollen und meine Art, Widerstand zu leisten, geprägt.

Da ich also ausdrücklich dafür war, über das Thema zu sprechen, sage ich auch als erster etwas dazu, nämlich, dass ich keinerlei theoretischen Anspruch habe. Ich möchte lieber von der Poesie sprechen als von etwas, das einen wichtigen Platz in meinem Leben hat und mir seit meiner frühen Kindheit große Freude bereitet.

Ich bin im Klanguniversum der Gedichte aufgewachsen, schon lange bevor ich lesen und ihre Schönheit selbst entdecken konnte. Mein Vater liebte die Dichter, und ich habe den Klang seiner Stimme noch immer im Ohr, wenn er seine Lieblingsgedichte vortrug, denn für ihn musste ein Gedicht »laut gesprochen« werden. Von dieser ersten Begegnung ist bei mir ein beinahe übertriebener Geschmack an der Musik und am Gesang geblieben. Noch heute, muss ich sagen, beurteile ich ein Gedicht zuerst immer nach seiner Musikalität: *Es muss klingen*. Das Übrige ergibt sich dann von selbst. Daher kommt es, dass ich gern zuhöre, wenn Gedichte in Sprachen rezitiert werden, die ich nicht kenne, aber deren Musik ich über alles liebe. Ich habe sogar im Laufe der Jahre für mich eine Rangliste der Sprachen gemacht, die ich nicht kenne, deren Klang mir jedoch vertraut ist. Ich weiß, dass die einzige Begründung für diese Rangliste mein subjektiver Geschmack und meine wahrscheinlich ungerechte Überzeugung ist, dass manche Sprachen mehr als andere für die Lyrik geeignet sind. Ich denke da besonders ans Russische, ans Spanische und ans Griechische. Doch ich möchte sogleich hinzufügen – natürlich ist man parteiisch –, das von allen Sprachen, deren Klang meinem Ohr schmeichelt, das Arabische für mich die schönste ist.

Victor Hugo thronte auf dem Gipfel des Pantheons meines Vaters. Er wurde daher, neben einer Anzahl arabischer Dichter, die von dem gewaltigen al-Mutanabbi[45] angeführt wurden, mein erster Dichter französischer Sprache. Heute weiß ich, dass ich ihm zum Teil meine große Liebe zu meiner Zweisprachigkeit verdanke, die mir lange Zeit nicht bewusst war. Seitdem sind manche andere Dichter zu ihm gestoßen, ganz tief in meinem Innersten. Doch er treibt mich noch immer um.

Was mich ebenfalls bei den großen Dichtern beeindruckt, ist diese Fähigkeit, die man gern »visionär« nennt. Es ist kein Zufall, wenn manche Gesellschaften ihren großen Dichtern gleichsam prophetische Fähigkeiten zugeschrieben haben. Ich selbst glaube allerdings, dass die Gabe der Dichter, auch wenn ihre Worte zuweilen verstörend funkeln, alles andere als Prophetentum ist.

45 al-Mutanabbi war ein aus dem Irak stammender Dichter der arabischen Klassik des 10. Jahrhunderts. Neben seiner Dichtkunst ist auch sein abenteuerlicher Lebenslauf bemerkenswert. (*A.d.Ü.*)

Sie besteht vielmehr in dem, was scheinbar ein rein formales Kriterium ist, nämlich, dass Dichtung Ver-Dichtung verlangt, die Verdichtung aller Dauer. Im begrenzten Raum des Verses wird alles gesagt, muss alles gesagt werden. Große Gedichte sind deshalb Monumente der Verdichtung von Raum und Zeit, und was sie hervorbringen, sind keine Prophezeiungen, sondern der Ausdruck von etwas Wesentlichem. Bei den großen Dichtern ist die Zukunft in der unmittelbaren Gegenwart erhalten, weil das Gedicht die Zeit außer Kraft setzt. Hugo sagt nichts anderes, wenn er schreibt: »Die Form ist das Zugrundeliegende, das an die Oberfläche gelangt«.

Die Dichter haben daher diesen gewaltigen Vorteil gegenüber den Politikern: Sie müssen sich die Zukunft nicht ausdenken – sie ist für sie schon da. Das ist es, was ich meine, wenn ich sage, dass die Poesie etwas ist, das dem Politischen – ich sage nicht: der Politik – überlegen ist.

Ich höre hier auf, damit auch Sie, Stéphane, ein Geständnis ablegen können.

Ich wollte dieses Buch mit Ihnen machen, weil ich *auch* wusste, dass Sie eine ganz besondere Beziehung zur Dichtkunst haben. Und ich möchte Ihnen sagen, dass dies zu meiner spontanen Sympathie für Sie beigetragen hat, bevor ich Ihre Meinungen kennengelernt habe, bevor ich Sie Ihre Moral habe erklären und Ihr Engagement habe begründen hören. Sie waren für mich von Anfang an jemand, den ich mochte, einfach, weil ich mir sagte, dass ein Mensch nur großartig sein kann, der die Dichtkunst so sehr liebt, dass er, so sagt er jedenfalls, manche schwierige Situationen nur hat durchstehen können, indem er sich Gedichte »aufsagte«.

Wie kam es für Sie zu einem solchen Verhältnis zur Poesie?

Stéphane Hessel: Seit langem schon habe ich das Gefühl, dass der Mensch vor allem ein redendes Wesen ist, das heißt: Was den Menschen von anderen Tiergattungen unterscheidet, ist, dass er redet. Nun, die Sprache haben unsere Vorfahren vor man weiß nicht wie vielen Hunderttausenden oder Millionen Jahren erworben, aber zunächst diente sie dazu, Gebote zu transportieren. Sie war also zuerst eine Sprache von Anweisungen, bevor die Dichter auftraten und die Unvollkommenheit der Gebote beklagten. Es gibt also zuerst das Wort der Ordnung und der Vernunft, doch dieses vermag nicht auszudrücken, was in uns an Phantasie und Rebellion steckt. Dann entsteht die andere Sprache, die der Poesie, die für mich vor allem rebellisch ist. Sie steht zwischen dem, was die drei Grundwerte der Griechen bezeichnen: dem Wahren, dem Guten und dem Schönen. Es gibt einen wunderbaren Text von Paul Valéry, den er nach der Lektüre eines anderen wunderbaren Textes geschrieben hat, nämlich *Eureka* von Edgar Allan Poe. Poe versucht darin, die Beziehung des Individuums zum Kosmos auszudrücken. Dieses Büchlein, dessen Anfang ziemlich misslungen, dessen übriger Text aber großartig ist, hat Valéry sehr beeindruckt. *Eureka,* das ist die Wahrheit. Und Valéry versichert uns, dass »die poetische Schönheit der sicherste Weg zur Wahrheit« ist; so verknüpft er Schönheit und Wahrheit durch die Poesie.

Wenn wir die Politiker beobachten, so stellen wir fest, dass die tadelnswertesten unter ihnen von der Macht besessen sind, und nur von der Macht, während die klarsichtigsten unter ihnen vor allem das Wohl ihrer Gesellschaften anstreben und einen Teil der gesellschaftlichen Verantwortung übernehmen. Um dahin zu gelangen, brauchen sie die Poesie. Es ist die Poesie, die das Denken leitet, wenn es über die simple Einschätzung des Realen und Verständigen hinausgeht, denn sie gibt ihm ein Ziel, eine Vision. Nur eine visionäre Politik verdient Bewunderung, und sie ist nicht visionär, wenn sie sich nicht aus der Poesie speist.

Elias Sanbar: Valéry, den Sie gerade erwähnt haben, ist ein anderes Beispiel für jenes Funkeln, von dem ich vorhin gesprochen habe. Ich denke vor allem an die fünf Bände von *Variété,* an bestimmte Texte, die das Thema »Moderne« behandeln und die mehr sachlichen Gehalt haben als viele gelehrte Abhandlungen. Es ist übrigens ein Privileg der Literatur, dass sie die Wirklichkeit sehr viel besser beschreiben kann als Sachtexte. Ich sage oft, dass nichts besser geeignet ist als die Lektüre Dostojewskis, um die russische Gesellschaft des 19. Jahrhunderts kennenzulernen, so wie Prousts *Recherche*, abgesehen von ihrer ästhetischen Magie, die unglaublich genaue Beschreibung eines bestimmten Teils der französischen Gesellschaft an der Schwelle zum 20. Jahrhundert ist. Wenn also schon der Roman solche Vorzüge hat, was sollen wir da von dem Wunder sagen, das ein gutes Gedicht ist?

Sie haben vorhin vom Menschen als dem redenden Wesen gesprochen. Dabei musste ich an Untersuchungen denken, die uns versichern, dass die Menschen früher, auch wenn sie allein waren, laut gelesen haben, und dass die stille Lektüre eine ziemlich neue Kulturtechnik ist.

Stéphane Hessel: Dichtung wurde durch die Aöden, durch die Dichter-Sänger vermittelt, aus dem Gedächntis.

Elias Sanbar: Natürlich, aber worauf ich hinauswollte, ist die Beziehung der Poesie zum Klang. Ein Gedicht ist sozusagen ein zutiefst »klangliches« Faktum, und ich wollte Sie fragen, ob Ihre Leidenschaft für die Poesie mit einer Leidenschaft für die Musik einhergeht.

Stéphane Hessel: Wir waren zwei Brüder, der drei Jahre ältere Ulrich und ich. Wir fanden uns berufen, uns die Welt zu teilen: Was ihm zukam, war mein Vater und die Musik, was mir zukam, war meine Mutter und die Poesie. Das ist natürlich völlig vereinfacht. Ich liebe die Musik sehr, und ich höre manche Werke mit großer Freude. Um nur ein Beispiel zu nennen: Bei Schuberts *Der Tod und das Mädchen* muss ich weinen, so schön ist es. Aber ich bin nicht fähig, ein Musikstück von einem anderen zu unterscheiden. Ich hatte nach dem Krieg das Glück, mit einem Komponisten in engem Kontakt zu stehen, der auch ein bemerkenswerter Orchesterleiter und Musiktheoretiker war, René Leibowitz[46]. Er war es, der die Musik Schönbergs nach Frankreich gebracht hat. Eines Tages habe ich ihn gefragt, ob er mir die Zwölftonmusik erklären könnte. Das Wesentliche, was ich davon behalten habe, war natürlich nicht die Kompositionstechnik eines Schönberg oder Berg, sondern wie die Musik mit der traditionellen Tonsprache gebrochen hat. In der Dichtung wie in der Musik muss man immer wieder die ausgetretenen Pfade verlassen. Gedichte wie die von Gérard de Nerval oder Arthur Rimbaud wären unverständlich, wenn man sie wie in der Alltagssprache verfasste Texte läse, als eine logische Aneinanderreihung von Sätzen.

Elias Sanbar: Ihre Worte erinnern an einen Satz von Marcel Proust in *Gegen Sainte-Beuve*. Proust schreibt: »Die schönen Bücher sind in einer Art fremder Sprache geschrieben«. Wie wenn die großen Texte nicht anders entstehen könnten denn als *Fremde* für die Sprache, die sie benutzen. Dieses »Befremdliche«, dieser überraschende Gebrauch der Regeln einer Sprache, ist zweifellos das, was manche den besonderen oder Personalstil jedes bedeutenden Autors nennen. Diese Idee wird in einem sehr schönen Text meines leider verstorbenen guten Freundes Gilles Deleuze[47] entwickelt. In einem Nachwort zu *Bartleby der Schreiber*, einer wunderbaren Erzählung von Herman Melville, zeigt Deleuze, ausgehend von dem eben erwähnten Proustschen Satz, wie der wiederkehrende Gebrauch einer in ihrer Form der englischen Sprache eigentlich fremden Replik – »I would prefer not to« – am Ende den gesamten Text »kontaminiert«. So wird aus Melvilles kurzer Erzählung ein Text, der die Gültigkeit des Proustschen

---

46 René Leibowitz (1913–1972) war ein französischer Dirigent, Komponist, Musiktheoretiker und Musikpädagoge polnischer Herkunft. Er ist ein Vetter des israelischen Gelehrten Jeschajahu Leibowitz. (*A.d.Ü.*)

47 Der Franzose Gilles Deleuze (1925–1995) ist noch heute einer der weltweit einflussreichsten Philosophen und Kulturkritiker. Sein Melville-Text ist 1994 unter dem Titel *Bartleby oder die Formel* auch auf Deutsch erschienen. (*A.d.Ü.*)

Satzes beweist. Gilles kam oft auf den Satz von Proust zurück, wie wenn er ihn besonders in sein Herz geschlossen hätte, wie wenn er seinen Blick auf die Dinge überhaupt bestätigte.

Um wieder zu unserem Thema zurückzukommen, möchte ich hinzufügen, dass für mich das Gedicht die vollkommenste Form jenes Schreibens »in einer fremden Sprache« ist.

À propos – haben Sie Gedichte geschrieben?

Stéphane Hessel: Ich habe ein oder zwei Mal versucht, mich in Versen auszudrücken, doch ich habe schnell bemerkt, dass das, was ich geschrieben habe, herzlich schlecht war im Vergleich zu den großen Gedichten, die ich auswendig konnte. Mein Vater war ein ausgezeichneter Übersetzer. Er hat mit der Unterstützung von Walter Benjamin die Werke Prousts ins Deutsche übersetzt, außerdem Balzac, Stendhal, Albert Cohen[48]... Erst vor kurzer Zeit habe ich sein dichterisches Werk entdeckt. Ich habe in meine Gedichtanthologie *Ô ma memoire* ein kurzes Gedicht von ihm aufgenommen, *Rotes Laub*, das ich sehr liebe und schnell auswendig gelernt habe. Es hat aber auch viele Gedichte gegeben, die ich bewundernswert gefunden habe, aber nie auswendig zu lernen imstande war. Dazu habe ich in meinem Buch einen Text von Roland Barthes über die Photographie zitiert. Er erkärt, dass es zwei Arten gibt, eine Fotografie zu betrachten, die er *studium* und *punctum* nennt. Zuerst betrachtet man das Bild wie ein Dokument, dann jedoch hält man plötzlich bei einem Detail inne, einem Punkt, der zugleich die »Pointe« enthält, die Spitze, die einem ins Herz zielt. Nun ja, so ähnlich ist das, was mir mit den Gedichten passiert. Es gibt Gedichte, die ich lese, ohne ein besonderes Bedürfnis zu spüren, sie auswendig zu lernen, und plötzlich taucht ein Vers auf, der sich mir ganz von alleine aufdrängt und mich zwingt, ihn auswendig zu lernen. Lesen Sie, ich bestehe darauf, *Eureka*, den Text von Edgar Allan Poe, in der Übersetzung

48 Albert Cohen (1895–1981) war ein französischsprachiger Schweizer Schriftsteller. Nach dem Krieg arbeitete er für die UNO in der Flüchtlingshilfe. (*A.d.Ü.*)

von Charles Baudelaire! Interessanterweise erinnern die Lettern des Namens Poe – P.O.E. – an »Poesie« und damit an das griechische Wort *poiein*, das nicht bloß »Gedichte machen« bedeutet, sondern überhaupt »etwas herstellen, schöpfen«. Die Poesie ist das Schöpferische schlechthin. Deshalb komme ich immer wieder gern auf dies zurück: Wenn ich die Dichtung liebe, dann deshalb, weil sie mir erlaubt, mit einem Schlag das langweilige, aber notwendige Kontinuum der gewöhnlichen Sprache, der der Gebote und der Ordnung, zu verlassen.

Elias Sanbar: Lassen Sie mich Ihre Worte aufnehmen: »Mit einem Schlag das langweilige Kontinuum der gewöhnlichen Sprache zu verlassen«. Ist das nicht in Wahrheit die Suche nach Musik?

Farouk Mardam-Bey und ich waren eng mit Mahmud Darwisch befreundet, und ich möchte Ihnen von einer Sache berichten, die mich oft an ihm fasziniert hat. Darwischs Gedicht »singt« und macht einen regelrecht berauscht, wenn man ihm zuhört. Er war sich dessen sehr bewusst und bemühte sich vor allem anderen darum, dass seine Gedichte von einer vollkommenen Musikalität waren. Allerdings verlangte dies eine perfekte Beherrschung der Regeln der klassischen arabischen Dichtkunst und zugleich die Fähigkeit, sie aus ihrem alten Zusammenhang herauszunehmen und mit einer neuen Aktualität zu verschmelzen, zu einer Form, für die sie ursprünglich nicht gemacht waren. Doch Mahmud, dessen Gedichte so sehr sangen, hörte nur selten Musik. Das heißt nicht, dass sie ihn nicht rühren konnte. Im Gegenteil. Ich kann bezeugen, da ich ihn oft zu Konzerten begleitet habe, dass er oft völlig aufgewühlt herauskam. Das machte mich jedesmal verwunderter, bis ich es eines Tages, als ich von ihm sprach, verstanden habe.

Wenn Mahmud an einer Gedichtsammlung arbeitete, was er sein Leben lang fast ohne Unterbrechung getan hat, war er völlig besessen von der Musik des Gedichtes, an dem er arbeitete.

Und dies ließ keine andere Musik zu. Die Musik war also allgegenwärtig. Ich erinnere mich noch an einen Abend in der *Maison de la Poesie*, dem Haus der Poesie, in Paris. Er hatte ein Gedicht vorgelesen, das ich ganz besonders liebe, *Waffenruhe mit den Mongolen vor dem Eichenwald*, und ich las meine Übersetzung. Mahmud war ein unendlich schüchterner Mensch, und er hatte immer Angst, sein Publikum zu sehr zu »belasten«. Und so sagte er mir: »Das Gedicht ist lang; es auf Arabisch und dann noch einmal auf Französisch zu lesen, kann die Leute zu sehr belasten«. Deshalb schlug ich ihm eine andere Form der Lesung vor: Er sollte eine Strophe auf Arabisch lesen, ich würde dieselbe auf Französisch wiederholen und so weiter.

Was wir dann auch taten. Und schnell begannen die Sprachen auf überraschende Weise miteinander zu verschmelzen. Irgendwann beugte sich Mahmud, der nur wenig Französisch verstand, zu mir hinüber und flüsterte in mein Ohr: »Ich höre mein Gedicht«. Das machte mich verrückt vor Freude, denn er hatte tatsächlich gerade *seine* Musik gehört.

Ich kann nicht dem Wunsch widerstehen, Ihnen noch eine Geschichte über ihn zu erzählen, obwohl sie nicht direkt mit unserer Diskussion zu tun hat. Aber gehört es nicht auch zu einer Unterhaltung, dass sie uns zuweilen die Gelegenheit gibt, für einige Augenblicke einen Seitenweg einzuschlagen?

Mahmud sagte mir eines Tages: »Du, du schreibst heimlich Gedichte!«, und ich antwortete: »Wenn ich Gedichte geschrieben hätte, wäre ich sehr stolz auf sie und hielte sie bestimmt nicht versteckt. Leider aber habe ich diese Gabe nicht. Ich gebe dir mein Wort, dass ich nicht ›heimlich‹ Gedichte schreibe, wie du behauptest.« Er reagierte so: »Das ist unmöglich: Um mich so zu übersetzen, wie du es tust, musst du einfach selbst Gedichte schreiben.«

»Machst du mir gerade ein Kompliment, oder ist das ein indirektes Lob auf dein eigenes Talent?« war da meine Antwort, und wir beide mussten lachen.

Damit wir wieder auf unser Thema zurückkommen können, müssen Sie wissen, dass Mahmud keinen Wert darauf legte, sich in anderen Sprachen als der seinen auszudrücken. Er konnte natürlich Englisch und Hebräisch, auch ein bisschen Russisch und noch weniger Französisch. Seine Schwäche in Fremdsprachen hatte nichts mit einem Mangel an Interesse zu tun. Sie war vielmehr eine Folge seiner Besessenheit von seiner eigenen Sprache, in die er sich immer tiefer hineinvergrub, um auf ihren Grund zu gelangen. Dies war für ihn eine Herausforderung, die er angenommen hatte, obwohl er von vornherein wusste, dass er verlieren würde. »Diese Sprache ist ein Ozean, der sich zum Unendlichen hin öffnet«, sagte er von der arabischen Sprache.

Ich habe erwähnt, dass er Hebräisch konnte; er war ein großer Bewunderer des israelischen Dichters Jehuda Amichai[49]. Dies führt zu einer schwierigen Frage. Darwisch und Amichai gehören zu zwei Gesellschaften, die miteinander im Krieg liegen. Doch sie singen, der eine auf Arabisch, der andere auf Hebräisch, von demselben Land, denselben Orten und denselben Landschaften, gewiss mit anderen Bildern und vor allem mit anderen Gefühlen. Sie kennen doch die deutsche Dichtung ebensogut wie die französische – erinnern Sie sich an ähnliche Phänomene, an einen ähnlichen Gleichklang zwischen französischen und deutschen Dichtern, die doch zu Gesellschaften gehörten, die »Erbfeinde« waren?

Stéphane Hessel: Ja, es gibt da enorme Ähnlichkeiten. Da ist zum Beispiel ein deutscher Dichter, der war von Frankreich so bezaubert, dass die deutschen Nationalisten ihn deshalb ablehnten. Ich spreche von Heinrich Heine. Er liebte Frankreich und war glücklich, in Paris leben zu können, doch seine deutsche Sprache blieb davon unbeeinflusst. Goethe konnte gut Französisch und hat dazu beigetragen, die französische Kultur in Deutschland zu

49 Jehuda Amichai (1924–2000), als Ludwig Pfeuffer in Würzburg geboren, gelangte 1935 mit seiner Familie nach Palästina. Er wurde dort einer der meistgelesenen Autoren in der neuhebräischen Sprache. *(A.d.Ü.)*

verbreiten. Goethe hegte aber auch eine grenzenlose Verehrung für Shakespeare. Ein Dichter kann bei einem Dichter, der in einer anderen Sprache schreibt als seiner eigenen, etwas entdecken, das in ihm eine ganz besondere Saite anschlägt, auch wenn er die Sprache des Anderen nicht versteht. Lassen Sie mich erzählen, wie es mir erging, als ich in Ramallah vor dem Grab von Mahmud Darwisch stand. Ich erinnerte mich an das Gedicht, das Auden anlässlich des Tods von Yeats geschrieben hat. Yeats starb am Vorabend des Ausbruchs des Zweiten Weltkriegs, und darauf spielt Auden bereits in den ersten Zeilen an: »Earth receive an honoured guest: William Yeats is laid to rest.« Ich habe dann das Gedicht, das ich auswendig kann, so rezitiert, dass ich den Namen von Darwisch an die Stelle dessen von Yeats gesetzt habe: »Earth receive an honoured guest: Mahmud Darwisch is laid to rest«. Die Beziehung, die man zu einem Dichter wie Mahmud Darwisch haben kann, bestärkt mich in der Vorstellung, dass es dichterische Wahlverwandtschaften gibt. So glaube ich, dass es eine solche Verwandtschaft zwischen Rilke und Apollinaire gibt. Sie haben sich gekannt und hatten so die Möglichkeit, sich gegenseitig zu beeinflussen, doch weit über solche wechselseitigen Einflüsse hinaus haben sie eine ganz ähnliche Art, sich den Dingen und den Lebewesen zu nähern.

Elias Sanbar: Zum Thema »wahlverwandte Dichter« fällt mir ein, dass ich Mahmud einmal von einer sehr schönen Neuübersetzung eines Bands mit Rilke-Gedichten erzählt habe, die gerade erschienen war. Doch jetzt versagt mein Gedächtnis, und Sie werden mir helfen, Stéphane, den Titel dieses Gedichtbands zu finden. Ich erinnere mich nur noch, dass ein Engel darin allgegenwärtig ist. Waren das die *Duineser Elegien*?

Stéphane Hessel: Der Engel ist dort überall. Seine *Duineser Elegien* beginnen mit den Worten: »Wer, wenn ich schriee, hörte mich denn aus der Engel Ordnungen?«

Elias Sanbar: Sie waren es also wirklich. Ich sagte also zu Mahmud: »Ich habe da gerade einen Gedichtband entdeckt, und ich muss dich sofort mit einem deutschen Vetter bekanntmachen: Rilke.« Von da an haben wir uns oft den »Spaß« gemacht, seine Dichterfamilie zusammenzustellen. Unter der Ägide des Urvaters, des großen al-Mutanabbi erwies sie sich als grenzenlos. Zu ihr gehörten der Deutsche Rilke, der Spanier Lorca, der Italiener Montale, der Chilene Neruda, der Grieche Ritsos, der Engländer Yeats und der Franzose Char.

Dies zeigt, wie sehr Gedichte aus Resonanz und Wiederhall bestehen und dass es in Wahrheit keine nationale Dichtung gibt. Große Dichtung ist immer universell. Ich erinnere mich auch an ein erstaunliches Interview mit Ariel Scharon, in dem er sagte: »Ich lese sogar Mahmud Darwisch. Sein Gedichtband *Warum hast du das Pferd alleingelassen?* hat mir gut gefallen und hat mir erklärt, warum die Palästinenser so sehr mit ihrem Land verbunden sind.« Was Scharon nicht wissen konnte, und zwar aus gutem Grund, ist, dass Darwisch auch ein Widerstandskämpfer war, der von seinem Land im Namen einer universellen Menschlichkeit sprach, und zwar zu den Gegnern jedes Chauvinismus und Nationalismus. Dazu gehörte Ariel Scharon aber nun wirklich nicht.

Stéphane Hessel: So betrachtet, stehen mir die Dichter der französischen Résistance sehr nahe: Aragon, Éluard, Char ... Ich lese Char gern, er ist ein großer Dichter, Éluard auch, aber es fehlt ihren Gedichten die »Spitze, die ins Herz zielt«, um den Gedanken von Roland Barthes wieder aufzunehmen. Sie zwingen mich nicht dazu, sie auswendig zu lernen. Ich bin sehr wählerisch bei dem, was ich auswendig lerne: Die achtundachtzig Gedichte meiner dreisprachigen Anthologie sind repräsentativ für meinen Geschmack, aber sie sind natürlich nicht alles, was mir gefällt. Viele bedeutende Dichter sind darin nicht mit ihren Gedichten enthalten, die ich ebenfalls auswendig kann. Ich musste eine strikte

Auswahl treffen, denn ich wollte unbedingt Gedichte in allen drei Sprachen – Französisch, Deutsch und Englisch – aufnehmen.

Mein Auswahlkriterium war, das festzuhalten, was sogleich im Gedächtnis bleibt. Eichendorff zum Beispiel ist ein guter deutscher Dichter, allerdings keiner der größten. Wenn ich ihn aufgenommen habe, so deshalb, weil besonders das kleine Gedicht *Mondnacht* mich rührt. Es fiel mir sehr leicht, es auswendig zu lernen. Wie Sie sehen, spreche ich jedesmal, wenn ich über Dichtung rede, auch über das Gedächtnis. Ich erinnere Sie daran, dass die Mutter der Musen, aller Musen, Mnemosyne ist, das Gedächtnis. Und sie ist die einzige Titanin, deren Gemahl kein Titan ist. Den meisten Titanen steht eine Titanin als Gefährtin zur Seite: Theia dem Hyperion, Rhea dem Kronos, und so weiter. Mnemosyne war allein, doch nachdem sie neun Nächte mit Zeus verbracht hatte, brachte sie neun Töchter zur Welt: neun Musen! Alle Künste, einschließlich der Choreographie und der Architektur, sind mit dem Gedächtnis verbunden. Die Poesie ist nicht wirklich Poesie, bevor sie sich mit der Erinnerung verbindet, und dasselbe gilt für die Musik oder die Malerei.

Elias Sanbar: Die Gedichte der großen Dichter sind oft von den größten Musikern, von Schubert bis Hugo Wolf, in Noten gesetzt worden. Diese Begegnungen unter Künstlern werden zu Schönheit, wenn es gelingt, die Künste zusammenfließen zu lassen. Dann denkt man nicht mehr an die Worte oder an die Noten. Und das liegt nicht daran, dass man über die Worte Musik gelegt hat, wie man so sagt, sondern daran, dass aus der Begegnung beider etwas Drittes entsteht, das den Charakter eines völlig neuen Werks annimmt. Was Sie über das Gedächtnis, die Erinnerung, sagen, ist ebenso äußerst interessant. Schließlich sind es die Dichter, die Sie berühren, an die Sie sich erinnern möchten.

Stéphane Hessel: Ganz genau. Es wäre übrigens interessant, einmal darüber nachzudenken: Gilt die Rolle des Gedächtnisses für alle Künste? Mein Vater hat mich in die griechische Mythologie eingeführt, die er sehr genau kannte. Geboren 1880, gehörte er zum gebildeten Bürgertum, das damals begeistert war von der griechischen und römischen Kultur. Für ihn war diese Verbindung zwischen der Göttin der Erinnerung und den Künsten eine fundamentale Gegebenheit der menschlichen Geschichte. Er glaubte, dass man eine Kunst nicht kennenlernen kann, wenn man sie nicht in die Erinnerung einfügt. Ich glaube, dass auch ein Dichter wie Mahmud Darwisch dieses Gefühl gehabt haben muss; schließlich hat er seine Gedichte gern auswendig vorgetragen.

Elias Sanbar: Und er liebte nicht nur das. Ein Freund hat uns einmal folgende Geschichte erzählt, die sehr viel über die beunruhigenden Fähigkeiten der großen Dichter enthüllt. Mahmud sollte seine Gedichte irgendwo im Ausland, ich habe vergessen, in welchem Land, vortragen, und unser Freund begleitete ihn. Da der Vortrag am frühen Abend stattfinden sollte, brachte man die beiden Freunde bis dahin in zwei nebeneinanderliegenden Zimmern des Hotels unter, in dem sie übernachten sollten. »Wir ruhten uns am Nachmittag aus«, berichtete unser Freund nach der Rückkehr von der Reise, »und ich hörte, wie Mahmud seine Gedichte in seinem Zimmer deklamierte. Seltsamerweise wurde sein Rezitieren immer wieder von Applaus unterbrochen. Aber ich hatte doch gesehen, dass er allein auf sein Zimmer gegangen war! Auf dem Weg zum Vortragssaal fragte ich ihn: ›Wem hast du vorhin Gedichte vorgetragen?‹ – ›Niemandem.‹ – ›Und wer hat dir dann applaudiert?‹ – ›Ich selbst.‹ – ›Du hast dir selbst applaudiert?‹ – ›Ja, ich habe geübt und mich an den Stellen unterbrochen, an denen der Saal heute abend applaudieren wird.‹« Und unser Freund versicherte uns, dass das Publikum exakt an den Stellen applaudiert hatte, an denen Mahmud es vorgesehen hatte ... Er hatte solch eine enge Beziehung zu seiner eigenen Stimme, dass er im Voraus schon wusste, welche Wirkung sie ausüben würde.

Stéphane Hessel: Das liegt daran, dass Gedichte zwar offensichtlich aus Worten bestehen, geschriebenen Worten, aber auch und vielleicht vor allem aus Tönen. Die Verschränkung von Ton und Sinn, von Musik und Literatur, ist es, was das Besondere an Lyrik ausmacht. Lyrik ist Literatur, sie ist nicht nur Gesang. Sie ist auch Ausdruck eines Gedankens, und der Gedanke wird just dadurch ausdrückbar, das er zum Ton wird. Man versteht ein Gedicht nicht wirklich, wenn man es nicht rezitiert. Das ist eine ziemlich banale Tatsache, doch von Zeit zu Zeit sollte man an sie erinnern. Nehmen Sie zum Beispiel Victor Hugos Gedichtzyklus *Die Legende der Jahrhunderte*. Der ist sehr lang, sehr erzählerisch, man möchte ihn wie eine Geschichtsdarstellung lesen. Aber man muss nur irgendeine Passage auswählen, um sie laut zu lesen, und schon sagt man sich: Nein, das ist etwas Anderes, das ist Poesie!

Elias Sanbar: Letzten Endes werden wir von der Poesie auf eine gewisse Weise verführt, und das hat immer etwas Geheimnisvolles. Es ist merkwürdig, dass wir manchmal mit den Augen verstehen und dann wieder mit den Ohren. Wir gebrauchen das Wort »verstehen« ja sowohl im Sinne von »etwas hören« wie von »etwas begreifen«. Was uns wieder zu der Einsicht bringt, dass Lyrik laut gelesen werden muss und dafür gemacht ist.

Stéphane Hessel: Man muss sie in der Tat rezitieren. Um ein Gedicht auswendig zu lernen, brauche ich einen regelmäßigen Rhythmus, gleich ob das Versmaß zehnsilbig ist wie in Valérys *Le Cimetière Marin* (*Der Friedhof am Meer*) oder ob das Gedicht in Alexandrinern geschrieben ist, wie meistens bei Hugo oder Baudelaire. Das ist nicht ganz einfach, wenn der Dichter, wie La Fontaine, in einem einzigen Gedicht verschiedene Versmaße kombiniert. Und es ist noch schwieriger, wenn es sich um ein Gedicht in freien Versen handelt. Aber dies trifft in dieser Form nur auf die französische Lyrik zu. Die Verse der großen deutschen

Dichter, die ich liebe, ähneln mehr denen der Griechen, das heißt, sie bestehen aus Jamben und Spondeen statt aus Alexandrinern und Hexametern. Ihre Unregelmäßigkeit stört mich nicht, ich memorisiere sie mit Hilfe ihres Klangs:

Ihr wandelt droben im Licht
Auf weichem Boden selige Genien
Glänzende Götterlüfte rühren euch leicht[50]

Das ist großartig, das klingt wunderbar, doch man muss dabei daran denken, dass ein deutsches Gedicht nicht wie ein französisches gebaut ist. Der Reim spielt zum Beispiel im Französischen eine erhebliche Rolle – was mag Verlaine dazu sagen? Um zu erleben, wie er ihn benutzt, hören Sie dieses Gedicht. Ich mag es sehr, obwohl es sich der Formlosigkeit nähert:

L'espoir luit comme un brin de paille dans l'étable
Que crains-tu de la guêpe ivre de son vol fou?
Vois, le soleil toujours poudroie à quelque trou.
Que ne t'endormais-tu, le coude sur la table?

(Die Hoffnung leuchtet, ein Strohhalm im Viehstall.
Du fürchtest die Wespe, trunken von ihrem rasenden Flug?
Sieh, die Sonne staubt noch in irgendein Loch.
Warum schliefst du nicht ein, den Ellbogen auf dem Tisch?)

Pauvre âme pâle, au moins cette eau du puits glacé,
Bois-la. Puis dors après. Allons, tu vois, je reste,
Et je dorloterai les rêves de ta sieste,
Et tu chantonneras comme un enfant bercé.

(Arme blasse Seele, wenigstens dies Wasser vom vereisten Brunnen,
Trink es. Dann aber schlaf. Und sieh, ich bleibe,

50 Hölderlin, *Hyperions Schicksalslied.* (A.d.Ü.)

Und ich werde den Traum der Mittagsruh' hätscheln,
Und du wirst singen, ein Kind, das gewiegt wird.)

Midi sonne. De grâce, éloignez-vous, madame.
Il dort. C'est étonnant comme les pas de femme
Résonnent au cerveau des pauvres malheureux.

(Mittag schlägt es. Bitte gehen Sie fort, gnädige Frau.
Er schläft. Es ist erstaunlich, wie der Schritt einer Frau
Im Hirn der Unglücklichen, Elenden wiederhallt.)

Midi sonne. J'ai fait arroser dans la chambre.
Va, dors ! L'espoir luit comme un caillou dans un creux.
Ah ! quand refleuriront les roses de septembre!

(Mittag schlägt es. Ich habe die Kammer befeuchten lassen.
Geh, schlaf! Hoffnung leuchtet, ein Stein in der Mulde.
Ach! Wenn die Rosen im September wieder blühen.)

Und ich möchte Ihnen noch einen Vers zu betrachten geben, einen einzigen, der den jungen Generationen dabei helfen kann, mit den Mitteln der Poesie wie mit denen der Politik den Aufbau einer neuen Gesellschaft zu beginnen, einer radikal neuen Gesellschaft gegenüber derjenigen, deren Bestehen wir heute beklagen. Der Vers stammt aus Guillaume Apollinaires *La Jolie Rousse* (*Die schöne Rothaarige*): »Wir wollen die Güte erforschen, riesiges Land, worin alles schweigt.«

Paris, den 21. Dezember 2011

1897: Der Baseler Kongress

Der erste zionistische Kongress fand vom 29. – 31. August 1897 in Basel statt, ein Jahr nach der Veröffentlichung des von dem ungarischen Journalisten Theodor Herzl verfassten Buchs *Der Judenstaat*. Herzl hatte darin die Unmöglichkeit einer Assimilation der Juden festgestellt und die Lösung der Judenfrage durch den Erwerb eines nationalen Territoriums empfohlen. Der Kongress ruft zur Siedlung in Palästina als der »nationalen Heimstatt des jüdischen Volks« auf.

1917: Die Balfour-Deklaration

Am 2. November 1917 richtet Arthur Balfour, der britische Außenminister, ein Schreiben an Lord Lionel Walter Rothschild, einen bedeutenden Notabeln der jüdischen Gemeinschaft in England, in dem er diesem versichert, dass »die Regierung Seiner Majestät der Errichtung einer nationalen Heimstätte für das jüdische Volk in Palästina wohlwollend gegenübersteht und sich mit allen ihren Kräften dafür einsetzen wird, die Erreichung dieses Ziels zu erleichtern.« Einen Monat später besetzt die britische Armee Palästina.

1920: Das britische Mandat

Am 24. April 1920 beschließt die internationale Konferenz von San Remo, Palästina unter britisches Mandat zu stellen. Dieses soll »die politischen, administrativen und wirtschaftlichen Bedingungen schaffen, die die Errichtung einer jüdischen nationalen Heimstätte und die Entwicklung von Institutionen der Selbstregierung erlauben«. Die britische Verwaltung soll ebenfalls »die jüdische Einwanderung erleichtern und geschlossene

Siedlungsbereiche der Juden ermutigen«. Diese Aufgaben werden in ihren großen Linien am 24. Juli 1922 vom Völkerbund bestätigt.

1936: Die palästinensische Revolte

Seit 1917 ist es immer wieder zu Zusammenstößen zwischen Palästinensern auf der einen sowie Briten und jüdischen Einwanderern auf der anderen Seite gekommen. 1936 ergreift eine bewaffnete Revolte ganz Palästina; sie hält während der nächsten drei Jahre an, trotz des Einsatzes von Zehntausenden britischen Soldaten und von paramilitärischen jüdischen Organisationen. Ihre Niederwerfung hat schwerwiegende Folgen für die palästinensische Nationalbewegung. Sie wird von den Briten entwaffnet und zerstreut, während die zionistischen Organisationen erheblich an Stärke gewinnen. Unterdessen schlägt eine britische Untersuchungskommission die Teilung Palästinas in zwei Staaten vor. Die Palästinenser lehnen den Vorschlag ab. Das am 17. Mai 1939 veröffentlichte dritte britische »Weißbuch« begrenzt die jüdische Einwanderung, bindet den Landkauf durch jüdische Institutionen an Bedingungen und verspricht die Errichtung eines unabhängigen und einheitlichen palästinensischen Staats binnen zehn Jahren.

1942: Biltmore-Konferenz

Am 11. Mai 1942 nimmt die Konferenz der amerikanischen Zionisten im New Yorker Biltmore Hotel auf Drängen von Ben Gurion, dem Präsidenten der *Jewish Agency*, ein Programm an, das danach auch von der internationalen zionistischen Organisation verabschiedet wird. Darin wird die Ablehnung des britischen Weißbuchs von 1939 durch die zionistische Bewegung bestätigt und das Recht der Juden auf unbegrenzte Einwanderung unter der Führung der Jewish Agency gefordert. Weiterhin soll ganz Palästina zu einem »jüdischen Commonwealth« und eine eigenständige jüdische Armee aufgestellt werden.

1947: Der Teilungsplan

Angesichts des bevorstehenden Endes des britischen Mandats nimmt die UNO am 29. November 1947 die Resolution 181 an, die die Teilung Palästinas in drei Zonen empfiehlt: zwei Staaten, einen jüdischen und einen palästinensischen sowie eine international verwaltete Zone, die Jerusalem und Bethlehem umfasst. Der Plan sieht für den Judenstaat 55% des britischen Mandatsgebiets vor. Er wird von den Palästinensern und allen arabischen Staaten abgelehnt.

1948: Die Staatsgründung Israels

Im April 1948 besetzen jüdische Streitkräfte einen Teil des durch den Teilungsplan dem arabischen Staat zugesprochenen Gebiets und vertreiben seine Bewohner. Am 14. Mai 1948 proklamiert David Ben Gurion den neugeschaffenen Staat Israel, der kurze Zeit später von den Vereinigten Staaten und der Sowjetunion anerkannt wird. Am folgenden Tag beginnen die Armeen Ägyptens, Transjordaniens und Syriens, des Libanon und des Irak einen Krieg gegen Israel und werden in kurzer Zeit besiegt. Der Exodus der Palästinenser hält an. Am 11. Dezember 1948 nimmt die Generalversammlung der Vereinten Nationen die Resolution 194 an, die das Rückkehrrecht der palästinensischen Flüchtlinge bestätigt, beziehungsweise, wenn sie dieses nicht in Anspruch nehmen möchten, das Recht auf eine angemessene Entschädigung.

1949: Abkommen von Rhodos

Der militärische Sieg Israels wird in den zwischen Februar und Juli 1949 auf Rhodos unterzeichneten Waffenstillstandsabkommen durch Ägypten, Transjordanien, dem Libanon und Syrien anerkannt. Israel dehnt sich auf 78% des ehemaligen Mandatsgebiets Palästina aus. Am 11. Mai wird es Mitglied der UNO, und am 14. Dezember kündigt Ben Gurion an, dass Westjerusalem die Hauptstadt Israels sein wird.

1950: Transjordanien annektiert Zisjordanien

Aufgrund der Waffenstillstandsabkommen wird der Gazastreifen im Süden Palästinas unter ägyptische Verwaltung gestellt. Zisjordanien auf dem Westufer des Jordan wird am 24. April 1950 offiziell von Transjordanien annektiert, das sich von nun an »Haschemitisches Königreich Jordanien« nennt.

1956: Suezkrise

Am 23. Juli 1956 verkündet der ägyptische Präsident Nasser die Nationalisierung des Suezkanals. Nach der Unterzeichnung eines Geheimabkommens zwischen Frankreich, Großbritannien und Israel am 24. Oktober in Sèvres beginnt Israel am 29. Oktober eine Militäroffensive gegen Ägypten und erobert den Gazastreifen und den Sinai. Am 31. Oktober besetzen französische und britische Streitkräfte den Kanal und rücken auf Kairo vor. Die Verbündeten Mächte müssen ihre Truppen jedoch unter dem Druck der USA und der Sowjetunion zurückziehen. Ägypten erhält den Gazastreifen und die Sinai-Halbinsel zurück. Auf dem Sinai werden Blauhelme der UNO stationiert.

1964: Gründung der PLO

Auf Initiative Nassers beschließt der erste panarabische Gipfel im Januar 1964 die Gründung einer Instanz, die alle Palästinenser vertreten soll. Diese, die Organisation für die Befreiung Palästinas (PLO), entsteht im Mai bei einem Kongress in Jerusalem. Ihr erster Präsident wird Ahmed Schukeiri. Die von der PLO angenommene Nationalcharta erklärt die Teilung Palästinas und die Gründung des israelischen Staats für illegal.

1965: Erste Militäroperation der Fatah

Die 1959 in Kuweit gegründete Fatah (»Palästinensische Befreiungsbewegung«) wirft der PLO vor, dass sie sich den arabischen Regimen unterordne. Sie besteht sowohl auf einer eigenständigen nationalen Identität der Palästinenser als auch auf dem bewaffneten Kampf als dem einzigen Mittel, Palästina zu befreien. Ihre erste militärische Operation gegen Israel findet am 1. Januar 1965 statt.

1967: Sechstagekrieg

Als Antwort auf israelische Drohungen gegen Syrien, dem Israel die Unterstützung der palästinensischen Fedajin (Kämpfer) vorwirft, verlangt Nasser am 16. Mai 1967 von der UNO den Rückzug der Blauhelme aus dem Sinai. Am 22. Mai beschließt er die Blockade des Golfs von Akaba. Am 5. Juni greift Israel an drei Fronten an und erobert binnen sechs Tagen Ostjerusalem, das frühere Zisjordanien und den Gazastreifen sowie den Sinai und die zu Syrien gehörenden Golanhöhen. Am 22. November verabschiedet der Sicherheitsrat der UNO die Resolution 242, die auf zwei Prinzipien besteht: erstens der Illegalität der gewaltsamen Annexion von Territorien und zweitens dem Recht aller Staaten der Region, Israel eingeschlossen, in sicheren und anerkannten Grenzen in Frieden zu leben.

1969: Arafat wird Präsident der PLO

Infolge der Niederlage der regulären arabischen Armeen erlangen die Organisationen der Fedajin, vor allem die Fatah, große Popularität. Im Juli 1968 übernehmen sie die Kontrolle über die PLO und verabschieden einen Zusatz zur Nationalcharta, der die besondere palästinensische Identität und die Wahl der Strategie des bewaffneten Kampfes betont. Außerdem wird »jede Einmischung von außen, jede Bevormundung und jede Unterordnung« abgelehnt. Am 1. Januar 1969 verkündet das Zentralkomitee der Fatah, sein Ziel sei »die Wiederherstellung eines unabhängigen und demokratischen palästinensischen Staates, dessen Bürger unabhängig von ihrer Religionszugehörigkeit dieselben Rechte genießen«. Am 4. Februar 1969 wird Jassir Arafat Präsident des Exekutivkomitees der PLO.

1970: Der schwarze September

Da er sich durch die militärische Präsenz der Palästinenser in Jordanien bedroht fühlt, befiehlt König Hussein seiner Armee am 17. September 1970, die Fedajin zu vertreiben. Dabei schreckt er auch nicht davor zurück, Flüchtlingslager bombardieren zu lassen. Die Zahl der militärischen und zivilen Opfer geht in die Tausende. Zehn Tage später erreicht Nasser, kurz vor seinem Tod, einen Waffenstillstand, doch die Palästinenserorganisationen sind gezwungen, sich in ein anderes Nachbarland Israels zurückzuziehen, den Libanon. Dort löst ihre Präsenz Spannungen zwischen den konfessionellen Gruppen aus.

1973: Oktoberkrieg (Jom-Kippur-Krieg)

Am 6. Oktober 1973 beginnen Ägypten und Syrien eine groß angelegte militärische Offensive mit dem Ziel, ihre 1967 verlorenen Gebiete zurückzuerobern. Der ägyptischen Armee gelingt es, den Suezkanal zu überqueren und sich auf dem Sinai festzusetzen; sie gerät jedoch infolge eines israelischen Gegenangriffs in große Schwierigkeiten auf der afrikanischen Seite des Kanals. Am 22. Oktober verabschiedet der Sicherheitsrat auf Initiative der Vereinigten Staaten und der Sowjetunion die Resolution 338, die den sofortigen Waffenstillstand fordert und im Übrigen auf die Resolution 242 verweist.

1979: Israelisch-ägyptischer Separatfrieden

Nach dem historischen Sieg des Likud bei den Wahlen zur Knesset reist der ägyptische Präsident Sadat am 19. November 1977 nach Jerusalem. Er beginnt direkte Verhandlungen mit Israel, die am 17. September 1978 zu den Vereinbarungen von Camp David führen und schließlich zu dem Friedensvertrag, der am 26. März 1979 in Washington unterzeichnet wird. Ägypten erhält den Sinai zurück; die syrischen Golan-Höhen dagegen werden durch einen Beschluss der Knesset vom Dezember 1981 von Israel annektiert.

1982: Invasion im Libanon

Am 6. Juni 1982 dringt die israelische Armee in den Libanon vor und schließt Beirut ein. Die palästinensischen bewaffneten Kräfte sind gezwungen, das Land zu verlassen, und finden in Tunesien Aufnahme. Der unter dem Schutz der Israelis zum libanesischen Präsidenten gewählte Bachir Gemayel wird am 14. September ermordet. Israel besetzt daraufhin die libanesische Hauptstadt und deckt die christlichen Milizen, die zwei Tage später ein Massaker in den palästinensischen Flüchtlingslagern Sabra und Schatila begehen. Nach dem Rückzug der israelischen Truppen aus dem übrigen Libanon bleibt eine sogenannte Sicherheitszone entlang der libanesisch-israelischen Grenze unter israelischer Kontrolle und wird auf 850 Quadratkilometer ausgedehnt. Nahe der Ortschaft Chiyam wird 1984 ein Haftzentrum eingerichtet.

1987: Die Intifada

Am 7. Dezember 1987 beginnt im Gazastreifen ein Volksaufstand, der sich schnell auf das Westjordanland ausdehnt. Die Bilder jugendlicher Steinewerfer, die sich den israelischen Panzern entgegenstellen, gehen um die Welt und lenken die öffentliche Aufmerksamkeit auf den kolonialen Charakter des Konflikts. Der palästinensische Nationalrat nutzt diese Situation, um am 15. November die Gründung des unabhängigen Staates Palästina zu proklamieren. Zugleich erklärt er, die Resolutionen 242 und 338 als grundsätzliche Bezugstexte für eine gerechte und dauerhafte Lösung zu akzeptieren. Diese Erklärung wird im folgenden Monat von Arafat vor der UNO in Genf bestätigt und weiter ausgeführt.

1991: Konferenz von Madrid

Während die Vereinigten Staaten auf die Invasion Kuweits durch den Irak am 2. August 1990 mit der Operation »Desert Storm« reagieren, drängen sie die arabischen Staaten und Israel zu

Friedensverhandlungen unter amerikanischer und sowjetischer Schirmherrschaft. Am 30. Oktober 1991 wird in Madrid die Friedenskonferenz eröffnet, an der Israel, Syrien, der Libanon und Jordanien teilnehmen. Zur jordanischen Delegation gehören auch palästinensische Persönlichkeiten aus den besetzten Gebieten. Die sowohl binationalen als auch multilateralen Verhandlungen, die sofort beginnen, scheitern – wenn man von dem israelisch-jordanischen Friedensvertrag vom 26. Oktober 1994 absieht.

1993: Die Friedensvereinbarungen von Oslo

Nach dem Sieg der Arbeitspartei bei den israelischen Parlamentswahlen am 23. Juni 1992 werden zwischen der Regierung von Jitzchak Rabin und der PLO halboffizielle Beziehungen aufgenommen. Am 13. September 1993 erkennen Israel und die PLO sich gegenseitig an und unterzeichnen in Washington eine Grundsatzerklärung über eine palästinensische Autonomie in den 1967 besetzten Gebieten als einem ersten Schritt. Sie kommen überein, binnen fünf Jahren eine endgültige Lösung für die grundlegenden Fragen zu finden: Status, Grenzen, Gebiet, jüdische Siedlungen, Flüchtlinge, Jerusalem. Im folgenden Jahr, am 4. Mai 1994, verständigen sich beide Parteien in Kairo über die Autonomie des Gazastreifens und von Jericho. Jassir Arafat geht nach Gaza, und eine palästinensische nationale Autonomiebehörde wird aufgebaut.

2000: Das Scheitern von Camp David und die zweite Intifada

Nach der Ermordung von Jitzchak Rabin am 4. November 1995 und dem kurzen Zwischenspiel der Regierung von Schimon Peres gewinnt der Likud die Wahlen vom 29. Mai 1996 und blockiert den Friedensprozess. Zwar gelangt die Arbeitspartei im Mai 1999 wieder an die Macht, doch entgegen den Vereinbarungen über die Daten des Rückzugs der Israelis aus dem Westjordanland verzögert der neue Ministerpräsident Ehud Barak die Verlegung der israelischen Einheiten und die Verhandlungen über das endgültige Statut Palästinas. Der Gipfel von Camp David, der Lösungen für die anstehenden Fragen finden soll, endet am 25. Juli 2000 mit einem Scheitern auf ganzer Linie. Einen Monat später löst der Besuch des Likud-Chefs Ariel Scharon auf dem Tempelberg in Jerusalem mit seinen Moscheen die zweite Intifada aus, die bis 2005 dauert.

2004: Der Tod Jassir Arafats

Der im Februar 2001 zum Ministerpräsidenten gewählte Ariel Scharon führt eine heftige militärische und, gemeinsam mit den Amerikanern, auch politische Kampagne gegen Jassir Arafat. Er ist in seinem Hauptquartier in Ramallah eingeschlossen, während die islamistische Hamas sich durch Selbstmordattentate in Israel hervortut. Scheich Jassin, der Gründer der Hamas, wird im März 2004 bei einem israelischen Luftangriff in Gaza getötet. Arafats Gesundheitszustand verschlechtert sich; er wird zur Behandlung nach Frankreich gebracht, wo er am 11. November 2005 stirbt. Mahmud Abbas, der Kandidat der Fatah, tritt im Januar 2005 seine Nachfolge an.

2007 Die Hamas übernimmt die Kontrolle über Gaza

Nachdem sie die Evakuation der Siedler beendet hat, verlässt die israelische Armee am 12. September 2005 endgültig den Gazastreifen. Am 25. Januar 2006 gewinnt die Hamas die Parlamentswahlen in den Autonomiegebieten, und einer ihrer Führer, Ismail Haniyya, bildet eine neue Regierung. Dies führt zu israelischen, europäischen und amerikanischen Strafmaßnahmen. Es kommt zu zahlreichen gewaltsamen Auseinandersetzungen zwischen Fatah und Hamas, die nach der Bildung einer Regierung der nationalen Einheit im März 2007 noch zunehmen. Am 14. Juli übernimmt die Hamas gewaltsam die Kontrolle über den Gazastreifen.

2008–2009: Krieg gegen Gaza

Gaza wird von Israel als »feindliches politisches Gebilde« betrachtet und leidet unter einer gnadenlosen Blockade, unter Bombardierungen und unter militärischen Vorstößen, die zahlreiche Opfer fordern. Die Hamas wiederum beschießt israelische Ortschaften mit Raketen. Am 27. Dezember 2008 beginnt Israel unter dem Namen »Gegossenes Blei« eine massive Militäroperation, die bis zum 17. Januar 2009 dauert. Sie hat große Verluste an Menschenleben und die Zerstörung der wirtschaftlichen Infrastruktur zur Folge. Am 15. September veröffentlicht die von der UNO eingesetzte Untersuchungskommission unter dem Richter Richard Goldstone ihren Bericht über die Operation, der sowohl Israel als auch der Hamas Kriegsverbrechen vorwirft.

2011 Palästina vor der UNO

Im Zusammenhang mit dem arabischen Frühling kommt es im Westjordanland und im Gazastreifen zu Massendemonstrationen, die das Ende der innerpalästinensischen Streitigkeiten fordern. Im Mai 2011 unterzeichnen Fatah und Hamas ein Versöhnungsabkommen. Angesichts der israelischen Weigerung, den Siedlungsausbau zu stoppen, was die *conditio sine qua non* für die Wiederaufnahme der Friedensverhandlungen ist, entscheidet sich Mahmud Abbas zur selben Zeit dazu, von der UNO die Anerkennung des Staates Palästina als Vollmitglied zu verlangen. Die Vereinigten Staaten drohen, dagegen ihr Veto einzulegen, doch immerhin wird der palästinensische Staat am 31. Oktober trotz des Drucks, den die USA ausgeübt hatten, um dies zu verhindern, als 195. Mitglied in die UNESCO aufgenommen.